빙하기에서 온 여자

전하라 제3시집

문학공원 기획시선 26

빙하기에서 온 여자

전하라 제3시집

문학공원

자서

시를 쓰지 않고 도망치고 싶다고
생각해본 적이 있다

외로워도 시로부터
더 멀리 사라지고 싶었다

하지만 시는 언제나
내게로 와 손을 내밀었다

하는 수 없이 나는
시와 영원히 함께 살기로 했다

차례

자서 … 5

1부. 와플써니세대

컨테이너 … 12
춤추고 싶은 시 … 14
와플써니세대 … 16
슬픈 우쿨렐레 … 18
초코파이의 역습 … 20
샤워배틀 … 22
짬뽕주의자, 국수주의자 … 24
공기주머니 … 26
언어 체인저 … 27
달의 말씀 … 28
이틀 전의 여자와 사흘 전의 여자 … 29
달로 오르는 엘리베이터 … 30
살바도르 달리를 뒤로한 채 … 31
빙하기에서 온 여자 … 32
아나키스트의 초원 … 33
1 inch의 꿈, 줄임표 … 34
능소화 필사법 … 35
시선을 긋다 … 36
달력을 넘기며 … 37
시를 찾아서 … 38
분재 … 39

2부. 바코드를 입은 발가락

요정 따라 햄버거를 … 42
지구라는 행성에서 … 44
치킨day … 46
멜랑꼴리 아가씨 … 48
바코드를 입은 발가락 … 50
이해가 떴다, **이해**가 … 52
?, ¿ … 54
세균테러 … 56
호박죽 … 57
말 달리자 … 58
부채는 負債다 … 59
점심 레시피 … 60
목련 독백 … 62
굿, 곳 … 63
파랑주의보 … 64
11월의 크리스마스 … 65
늑대가 물어간 양 한 마리 … 66
생각의 향기 … 67
꼬리를 물다 … 68
말장사, 말놀이 … 70

차례

3부. 그녀의 이분법

낙타는 봉이야 … 72
슬럼프 … 74
그녀의 이분법 … 76
뒷굽이 길게 운다 … 77
너는 여자 … 78
목련전차를 읽으며 … 80
비의 육체 … 81
눈 속의 검은 낙타 … 82
무관심, 숲을 이루다 … 84
상사화 … 85
소금은행 … 86
금계국의 소망 … 87
그믐달베개 … 88
마천루를 꿈꾸다 … 89
하늘을 탁본하다 … 90
어떤 설렘 … 91
침상의 가을 … 92
짝사랑론 … 93
사과의 기억 … 94
클렌징폼 … 95
까치밥 … 96

4부. 고무밴드별

소리를 먹고 자라는 세상 … 98
서리태 콩나물무침 … 100
추어탕을 데우다 … 102
비닐 파라솔 … 103
나무와 나무 사이 … 104
하나님이 살려주신 증거란다 … 106
생일 … 108
손맛의 재발견 … 110
잔치국수 … 111
달마중 임마중 … 112
나는 병풍이다 … 113
산수유를 읽는 봄 … 114
고무밴드별 … 115
석계역을 쓰다 … 116
오가다 … 117
수불석권 … 118
문배마을 장씨네 … 119
재산명시 … 120
천국의 계단 … 122

차례

작품해설

김순진(문학평론가 · 한국문인협회 이사) -
원초아(id)와 자아(ego), 초자아(Superego)
사이에서의 고민, 그 해법의 시학 … 124

1부

와풀써니세대

컨테이너

1. 비틀거리는 네모

슬픔을 안고 여닫이로 나갔다가 미닫이로 들어온다 슬픔이 드리운 민낯으로 형틀 같은 문을 연다 이명에 귀를 후빈다 울렁거리는 속은 깨금발로 걸어다닌다 온몸이 끈적거린다 네모로 들어가 샤워를 한다 흐느적거리는 정신을 옷걸이에 걸고 또 다른 네모 위에 눕는다
 사각의 방은 달궈진 더위로 푸딩이 되어 있다
 간혹 열어놓은 네모 창으로 한 줄기 바람이 포크에 꿰어진 듯 들어온다

2. 그래도 담담한 네모

헛디뎌도 넘어지지 않아서 다행이다 비바람에도 견고한 자아에 마음이 놓인다 다보탑처럼 쌓인 빈 구름이 영상으로 떠돈다 이름도 간판도 없이 번호만 남은 수인번호가 내게로 걸어올 수 있는 확률은 얼마나 될까 365일을 돌고 도는 네모 속에 매번 네모가 갇혀 있다

3. 침묵이 사는 집

울음이 목젖에 걸려 나오지 않는다 멎으려는 심장을

쥐어뜯어도 목소리는 여전히 나오지 않는다 이 오래된 슬픔을 무엇으로 대신해야 할까 잠시 창에 드리운 밤하늘을 내다본다 미세먼지로 채워진 하늘은 아무것도 보이지 않는다 빙의된 수면이 잘 건조된 채 부스럭거린다

춤추고 싶은 시

노을이 바닥에 닿기 전에 물결이 먼저 옷을 입는다
들개처럼 뛰어다니는 바람을 잡으러 떠돌았던
시간의 틈을 되돌려본다
지는 태양에 노을이 춤을 추듯
나의 시어도 붉은 무드등 아래서 춤추기를 기도한다
시를 끼적거리며 숱한 시간을 보냈지만
나는 아직도 부족하다고 손을 내젓는다
무엇이 정답인지 알 수 없지만
지금도 생각의 미로 속에서 푸름으로 헤매고 있다
세상은 정답이 없다고 하지만
나는 여전히 정답을 찾으려 한다
그러나 정작 내가 찾고자 하는 정답은
초봄 강물의 유빙으로 떠간다

남편과 들어간 어느 뼈다귀해장국집
뼈 두 개요, 주방으로 소리친다
뼈있는 말은 내 몸의 온기를 돋운다
툭툭 걷어찬 노란 잎들이 시가 되어 뒹군다

한때 나는 시를 무서워하기도 했다
어느 때는 시를 떠나보기도 했다
그러나 나를 구원해줄 통로는

시와의 화해라는 것을 깨닫는다
가을 끝의 삐걱거리는 관절 같은 시를 감싼다

와플써니세대
- 8090 퀸카

　신설동 막걸릿집, '사부의 레시피'가 여러 명의 퀸카들을 밤새도록 술 마시게 종용한다
　밤 새지 말란 말은 이미 고대의 언어가 된 지 오래다
　더 이상의 고대는 없고 학수는 고대를 경계한다
　경계 없이 자유로운 길량이들의 멋진 노래가 이어진다 조합된 규칙들은 막걸릿잔 귀퉁이에 붙이고 나왔다 일곱 길량이들은 깻잎머리 더벅머리 머털머리를 하고 입장한다 오렌지 노랑 붉은색 가발이 조명 빛에 뽀글거리며 둥둥 떠다닌다 스무 살로 돌아간 세대 공감이 웃음바다를 거뜬하게 채운다 녹색 파랑색 보라색 스타킹을 신고 거리를 활보하던 이십 대 초반의 길량이들의 껌 씹는 솜씨도 제법이다 나팔바지 골반바지 승마바지에 허리를 잘록하게 구두 축에 윤기를 더한다

　그해 어느 날, 친척의 결혼식에 노란 은행잎 펌을 하고 초록 나뭇잎 정장에 초록 스타킹을 신고 초록 새도우를 하고 갔다 결혼식에 온 친척들의 입에서 하나같이 나오는 말은 '신부가 참 이쁘네'라는 말보다 '○○딸이 왜 저러고 다닌데'라는 말이 구전설화처럼 와전되어 소문으로 빙빙 돌아다녔다 오늘도 올림피아 가든클럽을 들러 워커힐의 리베라클럽 문을 밀고 들어간다

오빠! 여기 기본 맥주와 안주 줘

London night, Harlem desire, Brother Louie 춤을 춘다 she's gone, Casablanca, Alone 오빠야들의 블루스가 한창이다 다이아몬드 스텝으로 세대공감을 돋울 때 여기저기에서 8090퀸카들이 시대를 건너온다

리리 무리 하리가 댄스 레시피를 그린다

슬픈 우쿨렐레

설익은 감빛 외투를 걸치고 나서는 골목이 부산하다

1. 갑각류 알레르기

며칠 전 시작된 알레르기 폭격으로 병원문을 민다
갑각류 알레르기에 집중포화를 맞고
듬성듬성 은행이 떨어져서 밝히는 가을
얼큰함을 뒤로해야 하는 가을이 두렵다

2. 우쿨렐레 도전기

몇 해 전 가을을 유혹하기 위해 사놓은
우쿨렐레 줄 위에 먼지만 쌓여간다
악기 하나만 연주하면 딱인데 하며 악보집을 열던 그날 이후,
  영원히 갇힌 소리가 2단 행거 뒤편에서 운다

3. 혹은 아버지의 등

등 떠밀린 세상에 한없이 내뱉던 원망부스러기들이
  고질병을 앓게 하여 방바닥에 누워버린 십수 년
  욕창으로 밤마다 쌓여가는 뱀의 껍질을

허물로 남기고 가버린 아버지

4. 멕시코 여자, 혹은 나

뭇시선에 숨죽여 살며
고향을 떠나고 싶어 몸부림치던 나날들
도시의 일부가 노을 속에 밀착되어서도
노란 눈물을 흘리는 그 여자,
시인이 되어 하늘의 설법을 받아 적는다

멕시코 떼오띠우아칸에서 슬프게 울려 퍼지는
우쿨렐레 소리에 잠든다

초코파이의 역습

저녁 12시를 알리는 시계소리가 울린다
괘종시계의 종소리가 빅뱅의 탑을 울리며
어둠이 고형으로 얼어드는 곳에서 크림세상이 눈을 뜬다
초코계의 여왕이 감옥에 갇힌 뒤 세상은 크림세상으로 변해버렸다
그녀는 매일 12시만 넘으면 초코파이를 한 입 베어 물고
아이 행복해, 되뇌이며 초코꿈을 안고 잠이 든다
지금 그녀의 감옥에는 불면의 마귀들이 득실거린다
괴성이 숲을 이룬 머리에는 모낭충들이 득실거린다
볏짚 사이로 진드기와 벼룩, 머릿이들이
불면의 시큼한 피를 빨아먹고 있다
붉은 피가 사라진지 오래다
횡하게 파인 눈동자만큼 뼈가 드러나는 그녀
이미 여왕의 품격을 잃은 지 오래다
밖에서 감시관이 던져주는 곰팡이 핀 빵 덩어리는 입도 대지 않는다
그녀를 더욱 괴롭히기 위해서 억지로 입을 벌린다
누룩처럼 낀 빵가루를 억지로 밀어넣는다
이제 초코여왕의 자리에는 혈세 없이 갉아먹는 모낭충들만 득실하다
아무런 기척이 없는 그녀
뼈만 남은 흉칙한 초코여왕

이미 아름다움은 사라지고 없다

초코파이의 역습은 지금부터다

샤워배틀

얇게 입고 나갔다 돌아오는 3월 말
냉혈동물의 오전을 등에 걸머지고 도시에서 귀가한다
어제저녁 늦은 밤 일기예보엔
남서풍을 동반한 약간의 멀미가 예상된다는 예보였다
이에 발끈한 추위가 교란작전을 벌이고 있었다
5337부대에 투입된 냉기부대가 빛의 속도로
정확히 고요를 튕기며 착지한다

하루를 끝낸 밤에 나를 위해 욕조에 물을 채운다
반신욕을 하려고 껍질을 벗는다
근육마다 어린 세포가 뻐걱 소리를 내며 움직인다
하루 종일 가려진 타이어들이 튀어나온다
처진 겨드랑이에 습한 먼지가 뭉쳐 있다
뱃살 블록엔 지방시가 셀룰라이트를 분해 못하고
자치제를 도입하여 개별 흡입술을 받아야 한다고 한다
개인 능력 38퍼센트
기술력 활강속도 B메가
지방시 저항강도 198완력 타임아웃
물의 흐름 위에 파장 속도 2데시벨
심박수가 빠르게 고무통으로 담겨진다
홍등에 켜진 불처럼 붉은 홍조는 이끼를 걷어낸다
뽀르륵 수풀 사이로 물장구치는 아이가 있다

수심 70cm 흉부 아래 파도가 가슴골로 숨막히게 몰아친다

예상할 수 없는 배틀이 시작된다

짬뽕주의자, 국수주의자

불광동 사거리에서
녹번동 방향으로 조금 내려가자면
복숭아나무 없는 도원을 만난다

저는 짬뽕이오,
사계절 내내 짬뽕을 시키면
내 정오의 언덕에는 늘 짬뽕 달이 뜬다

그동안 국수주의에 빠진다는 말은 가끔 들었다
그러나 짬뽕 국물이 튀는 것을 주의하다가
짬뽕의 맛에 빠진다는 것은 짬뽕스런 딜레마다
짬뽕을 획일한 맛으로 평가한다는 것은
국수주의자로 평가받는다

겨울 제철 맛을 듬뿍 담은 굴 서너 개 오징어
적당한 칼집의 양파와 배추가 만면의 신선도를 첨가한다
면발 한 젓가락 콧등치기에
다른 중국집을 가지 못하는 국수주의자가 된다

뭐니 뭐니 해도 국물 맛이 끝내줘요, 라는 말은
고객을 최고로 사로잡는 비결

〈
오늘도 맛의 무릉도원에서
도끼자루 몇 개를 썩히고 나온다

공기주머니

빈터에 나무그림자가 안개 닻을 내리며 눕는다

공기마저 슬그머니 어둠에 기대어 목석이 되어갈 때
살포시 내려앉은 낙엽이
이른 바람사냥을 끝내고 있다

낮 동안 지구의 결 따라 바삐 움직이던 활시위를
조용함으로 잠시 접어둔다
바삐 내딛던 발걸음도 잠시 밖에 세워둔다
어설프게 건네던 말도 적당한 나뭇가지에 내건다
바람의 행거에 말의 주머니를 매단다

긴 여운 속으로 사라진 패턴에
수고의 닻이 하루의 커튼처럼 내려진다

언어 체인저

오라클행성으로 향하는 2080 J- HR2050호
안개수칙의 시그널에
적정부호는 4도 반경 내의 분할 비율을 찾아내는 것
빛나는 별의 생존 수를 줄여라

생존 서바이벌 헝거게임*에서 이기지 못하면
나갈 수 없는 극한 상황에 처한 주인공
하나의 장벽을 넘을 때마다
피의 전극에 퍼지는 희열보다
공포감으로 역류된 고통에 시달린다

빅뱅의 시간이 다가오고 있다

* 영화 제목

달의 말씀

달에는 수만 개의 입술이 산다
지표면에 매달린 행성어들을 송출 중이다
분화구마다 쏟아져 나오는 달의 말씀
빛을 받은 입술들이 수런거린다
말을 생산하던 언어공장도 요즘은 한창 폐업이 진행 중이다
인간의 잦은 말실수로 점점 얇아지는 달의 표면
입술 부르튼 화구에서는 여전히 새로운 언어가 분출 중이다
이 말을 들이대고 저 말로 대답하는 사람들
이런저런 말로 변명하고 사실인양 오리발을 내미는 사람들
사설을 늘어놓는 사람들이 실타래처럼 늘어나고 있다
자기 말만 늘어놓고 자주 말을 바꾸는 사람들

세상을 아는 사람들이 입을 닫아갈 즈음
가장 효과적인 말은 침묵이라는
달의 말씀이 달달하다

이틀 전의 여자와 사흘 전의 여자

흙의 여자가 구들장을 안고 납작 엎드려 있다

이틀 전의 여자는 목석같은 여자였고
사흘 전의 여자는 흐르는 물같이 부드러운 여자였다
간혹, 바람의 물결을 품고 왔던 물의 여자는 떠나가고
일주일을 기울인 단단한 나무의 여자가 등장했지만
금의 여자의 등장에 두 여자는 자취 없이 떠났다
문득, 하늘을 보면 꽃이 되어버리는 물의 여자
하늘을 휘감아 지상에 풀어놓는 나무의 여자
앙칼지게 소리 지르던 불의 여자는 잠든 지 오래다
추억을 된통 꺼내드는 달의 여자가 또다시 고개를 쳐들 때면
한 여자가 헛기침을 하며 거드름을 피운다

그녀는 모든 사람들이 동경하는 태양의 여자
나는 지금 흙의 여자로 산다

달로 오르는 엘리베이터

바다 위를 어슬렁거리며 따라오는 고깃배들
안개 살덩이를 뭉텅뭉텅 베어 배에 싣는다
송도의 탑 끝이 에펠탑처럼 기울어 있다
조력발전소에는 조력자가 물보다 많다
25층 전망대는 갈매기들을 낚아 올린다

백만의 관광객을 자랑하는 조력발전소
달로 오르는 엘리베이터에 올라탄다
멀리 구봉도의 염전엔 햇볕이 두부판처럼 널려 있다
바닷가 식당에 들어가 바지락칼국수를 시킨다
바지락이 내게 바다를 밀어넣는다
주꾸미가 쫀득한 갯벌의 밀도를 전해준다
고양이 한 마리 젓갈 드럼통 위에서 오수를 절구고 있다

돌아오는 길가의 전봇대는 긴 다리를 바다에 담근 채
물고기들의 텔레파시를 퍼 나르고 있다

살바도르 달리를 뒤로한 채

현수막을 찾으러 거래처로 가는 길목
을지로3가역 9번 출구 노숙 중인 달리를 만난다
깊이 팬 주름은 이미 세상을 점령한 채
계단을 걸쳐 늘어진 시계는 멈추었는지 미동이 없다
어쩌다 저리 되었을까 의문을 털며 걸음을 재촉한다
한참을 가다 돌아보니 그는 '기억의 영속*'에 갇혀 있다

달리의 시계처럼 늘어진 그에게
빵을 주고 싶다는 생각은 오래가지 않았다
노숙자에게도 바다로 향한 꿈이 있었을까
삶의 망망대해에서 돌아온 그가 계단에 걸려 있다

타성에 젖은 내 발걸음은
이미 지하 계단을 내려가고 있었다
9번 출구 나뭇가지에 자화상을 걸쳐놓고 전철을 탄다

* 살바도르 달리의 그림

빙하기에서 온 여자

겨울이 시작되면
그녀가 걷는 길목의 나무마다 북동풍을 동반한다
안녕하세요,
애써 웃음 지으며 따스한 말을 건네보지만
그 안에 부는 바람은 시베리아,
늘 손발이 찬 그녀는 스스로를 얼음공주라 불렀다
좋다는 걸 다 찾아 먹어보지만
수족냉증은 쉽게 치료되지 않는다

스무 살에 빙하기로부터 온대기로 이민 온 그녀
여자가 한을 품으면 오뉴월에도 서리가 내린다지만
그녀는 늘 상강(霜降)의 계절에 산다
사람들은 그녀에게 따스한 시선을 보내지만
더욱 힘든 것은 세상을 냉정하게 대하라는 격려의 말이다
시베리아에서 발달한 고기압이 오츠크 기단을 만나 강하듯
10월이 되면 그녀의 몸은 또다시 빙하기가 도래한다
겨울이면 25°c로 돌리는 보일러 난방에도 늘 서늘함을 느끼는 그녀
오늘도 눈 뜨고 속으로 달래는 밤이 길다

아나키스트의 초원

그녀가 염소처럼 '지금 여기'를 뜯고 있다
초원은 여전히 떠도는 구름과 마주한다
완벽한 여름을 취하지 못한 그녀의 하루
가로지르는 허기의 바람이 저녁 들판을 꼬드긴다

맹목일까 집착일까
그녀의 옆구리에 새로운 손이 돋는다
후회가 아무리 감싸도 그녀는 자신을 되돌아보지 않는다
무질서가 질서를 거부하는 동안 또 다른 질문이 생겨난다
잦은 질문은 사랑의 해답을 찾기 위함
피할 수 없는 절벽 앞에서도
그녀의 좌표를 끝내 알려주지 않는다

풀밭은 안식이 아니라
또 다른 초원을 찾기 위한 노마드의 길이다

1 inch의 꿈, 줄임표

약수터가 막힌 약수역에서
잠시 쉬며 6호선을 기다린다

4-3으로 넘어서려는 뱃살경제는
3-3의 경계에서 1인치의 감가상각을 꿈꾼다

목련꽃잎을 겹쳐 입은 봄의 컬러가 다르듯이
갑질하는 뱃살경제는 혼선에 빠진다

주저리주저리 먹어대는 주전부리
뻥 뚫린 짱구과자에 지방이 솔솔 빠져나가는 꿈을 꾼다

좀처럼 줄지 않은 나와의 1인치
3-3에서 콜라병 몸매가 문을 연다

살 경제 기대치 2-6 발목에 묶인 붉은 하이힐
여름을 향해 걸음을 재촉한다

능소화 필사법

능히 소화할 수 있을 줄 알았다
이 찜통더위를 어떻게 하면 소화해낼까
목적지수 80을 넘는 85DXL
여름은 치수 공략에서 실패했다

소의 걸음으로 걷는 구두코에 내려앉는 열기
보도엔 보행자 비율이 낮아지고 있다
설렘이 이는 발자국 소리에 여름이 뿔을 쳐든다
질식할 것 같은 폭염주의보는
예상을 깨지 않고도 최고기온 39도를 임박한다

화끈 달아오르는 거리를 지나
냉기가 도돌이표를 그려내는 전철 안
집으로 가는 모든 길은 막혀있다
설빙 스무디 치맥을 향한 목소리가
능소화처럼 붉다

푸른 여름을 붉게 필사하는
올인원을 벗어던진 그 여자

시선을 긋다

　빌딩 사이를 곁눈질하며 걷는다 종로3가 극장가를 강타한 사이렌 소리가 사람들의 관심을 앗아간다

　2인조 강도가 피카디리 뒤 보석가게를 털고 있다 복면도 없이 겨울 코트 깃을 올리며 슬픔을 털어내고 있다 진주목걸이를 걸고 싶었던 소녀의 꿈은 수포로 돌아갔지만 왕비의 귀환을 꿈꾸던 흑진주는 전시장 안에서 여전히 손짓한다

　대형스크린에 2인조 강도의 현상수배가 뜨고 전단지가 도시를 미로에 빠뜨린다

　사이렌 소리가 골목골목을 꽉 채우는 사이
　후두둑후두둑
　겨울비가 사선을 긋는다

달력을 넘기며

홀로그램에 D-day를 입력한다
비추어도 기울여도 만져보아도
잡히지 않는 부자의 꿈은 날마다 부재중이다
똑똑 두들기는 소리가 나는 곳으로 귀를 기울여본다
노출을 꺼리는 얼굴에 선글라스와 모자를 씌우며
채집된 day & day를 격자로 짜본다
오늘은 이미 시작된 새로운 달
오늘이 어제의 어깨를 누르고
어제가 어제를 죽이며 자꾸만 죽어나간다
캘린더 속에는 죽음을 재촉하는 모순된 배열이 있다

여배우의 꿈을 꾼 지난 시절,
 레드카펫 위에 아름다운 생이 고양이처럼 발톱을 세우고 있다

시를 찾아서

지하철에서 눈을 감고 시를 생각한다

곁에 있었던 그녀가 저만치 멀어지고 있다
허술한 언어의 솔기를 꿰매보지만
그녀는 내내 턱을 괴고 생각에 잠겨 있다

밤새 내린 눈에 마음이 기우는 동안
안개를 덧대도 동요되지 않는 그녀

그녀는 늘 가까이 있다는데
나는 눈을 뜨고도 그녀가 잘 안 보인다
언제쯤 그녀의 옷자락을 마음대로 만질 수 있을까

좀처럼 사그라들지 않던 열망은 정점에서 벗어나
낯선 곳을 떠돌고 있다

슬픔의 올이 하나씩 터져나갈 때마다
방점을 찍지 못하고 쉼표에 머문다

분재

베란다 가득 채운 것은
계절을 버린 신선함이다

재활되지 않은 재활용품이
착실한 시간을 버리고 과거에 묻히고 있다

비닐봉지와 박스엔 이념은 없고
죽어야만 살아나는 먼지만이
숨을 쉬며 폐활량을 늘리고 있다

고작 버텨낸 것은 윤기 잃은 추억
세포마다 춤추던 바람의 자세
거시적인 한 편의 영화 같은 허물들

칠성아파트 102동으로
리어카 한 대가 삐걱이며 멈춘다
칠성도 구성의 성장을 꿈꾸지만
재활만 있을 뿐 성장은 없다

상생이 비켜 간 오후
소나무 분재가 바람을 닫고 기다림을 연다

2부

바코드를 입은 발가락

요정 따라 햄버거를

1. 모모버거증후군

나도 모르고 어른도 몰라보는 술신이 찾아든다
구들장을 들고 일어나는 그을음을
닥닥 긁어 마신 얼굴이 까만버거 속이다
숙취 해소를 위해 슬픔앰플 하나를 따라 마신다

2. 카니발버거증후군

상다리가 마당 한켠에서 카니발을 벌이고 있다
어디서 그리 술을 많이 드셨어요, 라는 말에
가차 없이 상을 들어 마당에 팽개친 아버지 주사
놀란 토끼들은 사랑방에서 쫑긋 귀를 세운다

3. 고질버거증후군

버거 속처럼 버거운 일들이 많은 사람들이
고질병을 버거 속에 채운다
링거주사를 맞으면 고쳐질지
입속을 가득 메운 불평들이 보글거린다

4. 요정버거증후군

미로를 따라 길을 고르고 골라내어도
도로 그 자리로 돌아온 머피의 법칙
나를 구원해줄 요정은 없을까
맘스터치에서 싸이버거 한 입 크게 문다

지구라는 행성에서

 육교 앞 전광판에 비치는 광고 모델을 본다 그 속에서 나를 보며 내가 모델이 된 것처럼 깜짝 놀란다 수상하다 언제 저렇게 바비가 되었지 살을 이동시킨 광고판 속에 내가 덩그마니 웃고 있다 매일 계단을 오르내리며 도시 속에 발걸음을 투척하고 근육과 힙을 업한다 밝은 미소를 덧발라 산소 같은 매력이 풋풋하다

 전광판이나 CF광고를 보면 키만 좀 더 자랐다면 나도 저곳에서 한 번쯤 포즈를 취하고 싶다고 생각하며 혀를 끌끌 찬다 한때 모델을 꿈꾸던 시절이 있었다 밥을 굶으며 허리에 니퍼를 채워 잠자던 시절이 있었다 '키가 170은 넘어야 해'라는 사장님의 말은 환상을 꿈꾸던 내게는 들리지 않았다 카탈로그 속의 그녀들처럼 포즈를 취해본다

 광고판에 손을 대는 순간 환상의 세계가 펼쳐진다 무빙워크를 타고 이동하는 동안 나는 모델에서 카피라이터로 이동된다 사이키음악에 맞춰 춤추는 사이보그 인간으로 변신한다 자동재생기처럼 얼굴이 바뀐다 화장이 바뀐다 먼 미래의 우리는 우리가 누구인지 모를 모듈 속에 갇힌다 다만 머무는 것은 아련한 지구행성의 푸르름이다

 문만 열면 만날 수 있는 이웃이 행성처럼 멀어진 시대,

나를 행성으로 워프시킨다 아바타행성 하라행성 시인행성으로 이동한다 저 행성에 이름이 새겨질 미래를 터치한다

치킨day

9월 9일, 오늘은 치킨day
아들과 함께 매콤한 교촌치킨을 먹고 싶day
딸은 바삭한 bhc프라이드 치킨을 먹고 싶day
시큰둥 시큰둥 뾰로통 입을 내밀며 시위하고 있day
아들이 싱긋징긋 찬찬치킨 먹으며 해피하day
매일 치킨을 먹었으면 좋겠다고 내게 말한day
딸은 먹고 싶은 치킨이 아니라 시큰둥 하day
뾰로통 입을 내밀며 60계치킨 먹고 있day
치킨 두 조각 남았을 때 반쪽이의 톡이 왔day
10분 후에 집에 도착한다는 반쪽이day
그가 던진 톡 한마디에 덜컹하day
정말 미안하day
치킨 다 먹고 없day

나에겐 친한 고향 친구가 있었day
그 친구는 일찍 부모를 여의고서 직장을 다녔day
월급을 타면 나를 위해 치킨 사주러 달려왔day
친구는 살찐다고 날개 두 쪽만 먹었day
나머지 치킨은 양념 바닥까지 내가 핥아먹었day

가을바람이 불던 날 엄마는 튼실한 씨암닭을 잡았day
너구리처럼 안방을 지키던 아버지에게 백숙을 해줬day

아버지는 어머니의 속도 모르고 닭 모가지와 뼛속을 훑으셨day
　맛있는 부위는 고추장에 묻혀 내게 주셨day
　그래서 지금도 나는 고추장에 삼계탕을 먹는day

　목이 비틀리고 털 뽑혀 내 앞에 무릎 꿇은 닭이day
　묵은 기름에 튀겨낸 프라이드와 양념치킨이day
　바비큐 그릴에서 소금과 숯불로 뒤집힌 바비큐day
　엉겁결에 외출했다가 얻어먹은 반계탕이day
　스무살 적 친구가 아직도 식탁에서 나를 기다리고 있day

　현관문을 열고 들어선 반쪽이
　치킨 다 먹었다는 말에 얼굴이 닭벼슬처럼 붉day

멜랑꼴리 아가씨

아가씨인 척 · 1

을지로3가 현수막집 코라싸인에는 무뚝뚝한 박 사장님만의 라인이 돌아간다 졸음을 한걸음에 털어내고 계단마다 다크서클을 그으며 간다 그때 뒤에서 "아가씨 아가씨"라는 멘트가 낯익은 얼굴로 들이민다 고개를 돌려서 "네!" 하는 대답을 얼버무릴 때 친절한 아줌마가 내 옷에 묻은 먼지를 털어준다

아가씨인 척 · 2

낮 동안에 콧물감기로 재채기와 못다 한 일을 늦은 시간에 하고 있다 잠시 후면 잠길 비상문을 빠져나가기 위해 가방에 아쉬움을 채운다 녹번역 5번 출구 계단 아래로 베이지색 샌들을 옮기며 우산을 접을 때 "아가씨, 아가씨 밖에 비와!" 아저씨의 말이 효과적이다 "지금은 조금 내리니 빨리 뛰어가세요" 우산이 없는 아저씨를 위해 내 쪽으로 비를 잡아당긴다

아가씨인 척 · 3

모처럼 사무실에서 늦게까지 일하는 행복이 숨을 트고

있다 신설동 시대를 벗어나 녹번에서 퇴근하기 바쁜 나는 홀로 밀어를 구슬리듯 일에 집중하는 시간이 아픔보다 즐겁다 뭔가 영감이 떠오를 것 같은 언어들이 물밑 작업을 하고 있다 그때 나의 촉을 깨우기라도 하듯 지인이 보내온 문자에 '아가씨, 아가씨 뭐해' 아가씨라는 말에 함박꽃이 핀다 언제나 기쁨의 칩이 내장된 선생님의 말끝마다

아가씨인 척 · 4

아가씨와 친인척관계도 아닌 나는 옆에서 어깨를 끌어안고 뽀뽀하는 연인들의 입술이고 싶다 20대의 순수가 멜랑꼴리하게 느껴지지 않는다 다만 아름답다는 말과 두 남녀처럼 나도 저러고 싶다는 마음이 멜로디처럼 꼴리고 있다 내게서 멀어진 입술도 키스도 허그도 나의 볼 언저리로 당겨온다

멜랑꼴리
아가씨가 멜랑꼴리

바코드를 입은 발가락

1+1

빈대가 사는 몸속을 클릭해본다
산부인과 피부과 내과를 순환하는 가격대비
의사를 만나는 비용이 비싸기도 하지만
가히 출처를 알 수 없는 통증으로 인한
클릭 베타 발가락 고물거리기와 몸 비틀기
정수리에서 발톱으로 미끄러지는 코드네임 J6

1×2

알파파 오메가의 행성이 지구 충돌 직전에 불리는 노래
빅뱅*의 뱅뱅뱅~^^ 빵야빵야
살짝 스침으로 인한 기울임도 잠시
원상태로 몰리는 별자리들
카시오페아가 떴다
지구 한켠에서 보이는 나의 별자리는 '발가락 옹이'**

1÷♡

반신욕조 속으로 떨어지는 땀방울이
수분보다 염분 활성도가 제곱 이상 붉다

열 개의 발가락 사이에 놓여진 뱃살빼기 도자기에서 셀룰라이트 분비는 제로
 일정량의 피곤지수만 높아진 시간
 퉁퉁 불은 엉덩이를 일으킨다

 너 - 나

 뱃살 칸칸이 주름 잡힌 게으름에 70% 할인 스티커를 붙인다
 무료라고 덧붙인 말, 아무도 거들떠보지 않는다
 지방시에 전시된 지방흡입술 천만 원
 원상복귀로 돈만 날린 바코드에
 싸이의 노래가 들린다
 쓰바 씨발라먹어

 도태된 바코드 클릭택의 그림자가 길다

 * 아이돌 가수 팀의 이름
 ** 본인의 1시집 제목

이해가 떴다, 이해가

이해가 뜬 지가 벌써 십 개월이 지났다
십이월을 향해 이해가 기울고 있다
잠만 자고 나면 이해할 수 없이 이해가 뜬다
꿈을 꾸며 밤을 연장하고 싶어 이해하려는 것은 아니지만
눈만 감으면 시간쾌속선에 타고 있는 것 같아 이해되지 않는다
이해가 가기 전에 꿈같은 해로 마무리하고 싶은데
이해에 대한 일체의 후회니즘에 빠지고 싶지도 않은데
나 스스로를 이해하려 해도 이해가 안 된다
이해하라는 엄마의 말씀, 곱슬은 유전이라고 한다
이해 패턴을 바꾸고 싶다
이해가 넘어가기 전에 신문에 시 한 편 실렸으면 좋겠다
이해 데미지에 걸린 인쇄상의 에러가 글이 쓰여질 수 없다는 편견에서 왔다나 뭐라나
이해의 광기가 무단으로 침투한 이타심리가 고리에 걸려있다 남은
이해 잘 넘기고 이해 잘 되는 내년을 맞이하고 싶다
센티멘탈해진 오늘, 이해리즘에 빠진 나를 이해하고 싶다
하기야, 이해하지 못할 게 뭐 있을까 싶다
집에 가던 길목에 막걸리 전문점에 들러 바나나막걸리 한 병 얻고 간다

블루베리 바나나 레몬 글로 마신 막걸리에 흥건하게 취하는 날이다

종점에서 막차에 오르고 있다
남편에게 이해(理解)를 타전하는 밤이다

?, ¿

잘 잡히지 않는 질문이 계속된다

?
?
?

뭔가 선뜻 찾아지지 않아서 고민할 때
충무로 대한극장 옆 벽에 붙은 물음표가
나의 귀를 뜯어먹기 시작했다
얄궂다, 흡사 진드기처럼 귀에 붙어서 엉켜든 생각이
고리에 고리를 걸고 떨어질 줄 모른다
비유란 보조관념을 써서 원관념을 돋보이게 하는 것
공감각이동이라는 강조가 낯설다

시의 모태가 엄마의 배보다 크다
나도 남산이었던 적 두 번 있었는데
아! 배고프다
시의 배가 불러오지 않음은 내 속에
관념이 기생하고 있어서일까
잘 관찰되지 않는 세상과 사물
사랑이 부족한 이브족이
영성이 메말라가는 시인의 언저리에 살고 있다

〈
사진을 찍어 뒤집자 물음표는 갈고리로
시어의 코를 꿰어 중심을 구슬리고 있다

세균테러

무향무취의 향을 흡입하는 사람들이 고개를 든다
의식의 저편에서 타르의 개처럼 쿵쿵거린다
콧속으로 퍼지는 미세한 먼지가 밤을 가두기 시작한다
사람들이 죽음의 번제를 올리듯 의식의 단에서 죽어간다
원인을 찾기 위해 파견된 의사들도 한 명씩 죽어간다
몽환의 집단의식이 도시로 번진다
생각이 잘려나간다
자아가 잘려나간다
미로가 네바다주 사막을 끌어온다
고산병이 뭄바이를 점령한다
폐에 가득 아이슬란드 화산재가 쌓인다
엄지와 검지로 튕길 때마다 포자들이 알까기를 한다
가득 찬 알들이 눈에 보이는 순간 쿨럭거린다
그것도 잠시 이내 숨을 거두고 만다
집단테러의 공포가 노을을 배에 깔고 눕는다
시민연대가 나서서 추적론을 펼친다
좀처럼 수그러들지 않는 공포가 식은땀을 흐르게 한다
나는 그들을 구별하듯 걸러낸다
지구 과부하의 무게를 덜어낸다

호박죽

노랗게 끓고 있는 너를 본다
노랗게 바랜 너의 마음을 알 것 같다
노란 너의 속살을 맛보는 내 입가에 미소가
노랗게 번진다 달을 한 스푼 퍼낸 듯
노란 너의 웃음이 내 마음을
노랗게 흔든다 설렘으로
노랗게 쿵쾅거리는 심장이
노랗게 채워진다 어머니는 칼끝으로
노랗게 물든 세월을 잘라낸다 서쪽으로 넘어가던 해는
노랗게 네 안에 갇혀
노랗게 사리를 잉태했다
노랗게 이어지는 너의 족보가
노랗게 끓는 솥에서 나는 내 손만 보고
노랗게 매달리는 나의 가족을 읽는다

말 달리자

커피에 코피가 흐르고
선생에 생선을 드리고
선반에 신발을 올리고

치실 한번에 억장이 무너진다면
하늘 위로 솟아오르는 피아노 선율
저기 보이는 이데아의 환상을 넘어
아마데우스의 음표를 그리는 중세 십자가

한 음절마다 계절이 엮이고
추억이란 놈이 진동하고
관절마다 토너먼트 병목현상이 돌리고
기억의 댕기머리 무관심의 생각이 눌리고
쭈뼛 웃자란 손끝에 달리는 속도를 잘라낸다

지각하지 않으려, 발버둥치는 꿈의 페달
달리고 달리고, 달려봐도 손잡이에 묶인 잠
그렇게 스며드는 우울이 덥썩 가을을 문다
새삼스럽다를 내건 현수막에, 알 게 뭐야

말놀이, 말을 타고 달린다
말 달리자 말 달리자

부채는 負債다

1호선 서울역에서 탄 꼬부랑 할아버지 한 분
옆에 있는 미시족 아가씨 더울까봐 연신 부채를 흔든다

여름에서 가을로 부쳐낸 바람
가을을 내어 건 바람이 부채를 잊게 한다

10여 년을 시달린 부채,
이제 더 이상 여름바람에 휘둘리고 싶지 않아
부채로 힘껏 시원한 바람을 일으킨다
부채는 負債다
우리는 바람에게 빚을 지고 사니까
負債는 부채다
바람이 가득하면 빚은 갚을 수 있다

그 어떤 바람도 신선하지 않던 어느 날,
부채 탕감이란 희소식에
가슴이 뻥 뚫린 도로처럼 시원하다

점심 레시피

지연되지 않는 거리
5월이 여름으로 가는 행진곡을 연주하는 날
시름에서 설렘에 이르는 거리
피곤에서 활력에 이르는 거리
약속에서 믿음에 이르는 거리
장미의 붉은 입술을 머리에 이고
강남으로 향하는 발걸음에 음표가 달라붙는다

일정한 시간이 틈을 노리고 공략하지만
맞지 않은 타이밍에 브레이크를 건다
오늘 강남으로 내가 갈까요
우리 만나서 점심 먹게요
운전 중이라는 그녀의 사분사분한 목소리가
묻어난 톡이 당도했다
우리 강남에서 봐요
주문은 일사천리로 그녀 앞에 놓인다

초밥 : 태어나서 처음으로 먹는 밥 아님
샤브샤브 : 내 삶의 일기장을 끓여 먹는 잡탕 아님
느끼하지 않은 브런치 : 날개가 돋아나는 날 먹는 새참

엠마스톤*을 닮은 둘의 마음이 포만감을 밀며 2호선에

오른다
그리스보다 멋진 그녀와의 수다가 강물처럼 출렁인다

* 미국 여배우의 이름

목련 독백

1.
설렘이 죄는 아니죠
싸돌아다니다 끌려왔네요
웬 놈의 서론이 그리 많은지요
결국 궁시렁대는 보랏빛을 몰고 왔네요

2.
서럽도록 아름답고 싶어요
저놈의 변덕 좀 봐요
뭐가 그리 당당하냐구요
저 잘난 맛에 산다잖아요

3.
억세게 운 좋은 년이라고 놀리지 마세요
백 평 정원의 부잣집 딸이라니까요
너희들, 다 죽었어
보랏빛 신소리를 쳐봅니다

4.
오라질 놈의 세상
저 빈정대는 것 봐라
누가 제깟 것이 부럽다고 했는지요
제 잘난 맛에 떠들고 있네요

굿, 곶

뱃머리에 굿, 굿을 얹고 가는 바다가 곶을 찾아 떠난다
사랑도*! 굿
이름만 들어도 심장이 멎을 것 같다

사랑을 찾아 떠나온 사람들이 오래 머물다 가는, 곶
푸른 뱃길을 내어주니, 굿
영혼이 자유로울 수 있는, 곶
사랑하면 생각나는 사랑도, 굿
갈매기가 되어 날아오는, 곶
돌아나오는 뱃길을 열어주니, 굿
발끝에 스치는 포말이 있는, 곶
이끼 같은 사랑이, 굿

* 통영에서 배로 조금 가면 있는 섬

파랑주의보

  새로 받은 하루를 주머니에 넣고 만지작거리며 발걸음을 채근한다
  어제의 회색 하늘 한켠에 매달렸던 눈물방울은 마법 속으로 사라지고
  내일의 파란 하늘에는 원더우먼의 파워를 장전한다
  잊고 있던 질긴 명줄도 채근하여 허리띠를 조른다
  무심결에 자란 긴 자조의 손톱을 깎는다
  과한 허기에 돌출된 입술
  허공을 돌려 깎아 접시에 담는다
  아이 셔
  시큼한 파랑이 씹혀 눈을 꿈쩍꿈쩍 감는다

언젠가부터 나의 식성이 완전 바뀌었다
붉은색 육식에서 초록색 채식으로
이젠 파란 꿈은 나의 주식이다
노랗게 바래가는 꿈에 파랑주의보가 내린다
그래도 내 꿈은 파랑!

11월의 크리스마스

청계천 야경을 휘휘 저어
약속을 드러내는 물반지를 꺼낸다
11월의 바람은 오르락내리락하며
숨은 물고기들을 찾아다닌다
잔잔하게 잠긴 가로등
고무줄놀이 불빛들의 소요가 정겹다
산을 옮겨온 어둠이
내 발걸음을 새기며 따라온다
이 계절의 마지막을 향해
11월에 울려 퍼지는 캐롤에 들뜬다

불황일 때 상인들은 크리스마스를 일찍 꺼낸다고 하지만
시장은 불황(不況)일지 모르나 지금 나는 활황(活況)이다

늑대가 물어간 양 한 마리

찜질방에 가보고 싶어
티브이에서 보던 귀여운 양머리수건을 해보고 싶어
맥반석 계란을 먹다 목이 메이면 식혜를 마시고 싶어

집에는 큰딸로 불리는 양치기 소녀가 있다
나도 양머리 해보고 싶어, 빨리 해줘 빨리
애들처럼 신랑에게 떼를 쓰는 내게
엉디를 토닥이며 달래주는 그이
웬일이야 안 하던 것을 해달라고 투정을 부리고
신의 손을 닮은 그의 손놀림으로
오물조물 만들어 머리에 올려진 양
엄마양 딸양 반쪽양이 웃음을 건네받는다
찰칵찰칵 카메라에 옮겨진 순한 양들
의기양양한 웃음소리가 거실 사이에서 순풍을 일으킨다

반공이란 늑대가 물어간 양 한 마리는
지금 군대에 가 있다

생각의 향기

하루를 걸어온 태양이 잦아들면
어둠이 저녁을 달군다
거품 넘치는 콜롬비아 수프레모 머그잔이
시크한 커피집 문을 민다
멀기만 한 詩의 고지를 향해 눈을 치켜 뜬다
멀다와 아직이 뒤섞인 채 향을 만들고 있다
상상의 회오리바람이 이는 저녁의 뜰에는
시어가 되지 못한 단어들이 흩날린다
입에 맞는 시를 끓여내려면
얼마나 많은 생각을 녹여야 할까
매 순간 싱싱한 언어가 문을 밀고 나오도록
끝없는 글의 향기를 탐미한다

나는 순간 안데스 마추픽추에 올라
향 짙은 커피를 마시고 있다

꼬리를 물다

베란다에 나갔던 우울이 문을 열고 도로 들어왔다
열고 닫음은 순리라던데
꼬리표 상점에서 가격표도 떼지 않고 몸만 들어왔다
생각꼬리 숨꼬리 바람꼬리에 채찍을 가해도
연꼬리처럼 늘어뜨리고 싶은 마음꼬리가 길어진다
베란다에서 품은 생각이 무엇이길래 그럴까
저 멀리 보이는 노을이 안겨준 우울주머니일까
알 수 없는 꼬리에 꼬리를 무는 꼬리가 길어진다

꼬리에 꼬리 접힌 주머니에 숨겨둔 서툰꼬리
꼬리에 꼬리를 꼭 찾아내고 싶은 진심의 꼬리는
숨은그림찾기를 하고 있다

구로구 강남구 최일구 동작구 은평구 중랑구 노원구
축구 야구 농구 탁구 체구 수구 배구 시구 안구
국세청 관세청 경찰청 위일청 은평구청 포도청
남포동 강호동 중앙동 성북동 성수동 광복동 철산동
백두산 대둔산 설악산 도봉산 수락산 한수산 아차산
운문사 불국사 재수사 성불사 내장사 법주사 동학사
사발면 신라면 나라면 컵라면 안성탕면 열라면 진라면
진나라 위나라 제나라 수나라 위나라 장나라 촉나라

꼬리에 꼬리를 물고 꼬리를 진심으로 찾았더니
꼬리가 들어간 음식이 생각난다
꼬리곰탕 한 그릇에 입꼬리가 눈꼬리까지 올라간다
꾀꼬리 휘파람을 불며 차를 모는데
꼬리에 꼬리를 물고 차량 행렬이 이어진다

* 김순진의 「숨은그림찾기」를 패러디하다.

말장사, 말놀이

63빌딩 앞에 63세 남자가 빌딩처럼 서 있다
어느 단지에 사느냐는 말이 빌딩에 부딪친다
말장사를 하는 건물들이 입술을 지그시 문다
진즉에 이사 오고 싶다던 그 사람 말이
단호하게 와 닿지 않음은
아직 거기에 절절하게 부딪힌 말이 아니다
강 건너 불구경하듯 바라보던 시간이
어느덧 중년의 닻을 내리고
앞쪽에서 삐져나오는 새치의 말도 하얗다
63빌딩 한 칸에 나의 시절을 들여놓고
그 맞은편에는 나를 다독일 쪽방을 들인다
강 건너가는 매듭을 이어 붙인다
말장사 말놀이
말놀이 말장사
장사말 놀이말
이 말장사랑 놀 말은 어디 있을까
말 타고 달리며 외치고 싶다
이랴이랴

3부

그녀의 이분법

낙타는 봉이야
- 반월호수

오후 두 시, 바람 드는 차창에 얼굴을 내민다
무료한 오후, 아카시아 향을 무료로 지급받는다
그곳에 가면 낙타가 있다는 말에
바람이 내키는 대로 K7 차의 방향을 잡는다
낙타를 찾아 한 시간여 달려가자니
하늘 맞닿은 낙타봉이 나온다

그리움을 연주하는 모래바람이 봉으로 올려진다
아줌마들의 수다는 물결을 흩뜨려 놓으며 맥주고기들을 놀라게 한다
저수지와 물의 경계를 이루는 밧줄은 7080노래를 끌고 들어간다
땡볕에서 노래하는 무명 가수의 비음이 질질 딸려간다
낙타봉으로 오르는 햇살이 고도로 기운다
45도 비각에 닭목이 비틀리듯 무호흡증이 인다
6시를 알리기엔 이른 햇살이 아직도 자라고 있다
청계산을 머리에 이고 내려간 물살이 머리끝으로 오른다
태양을 밀치며 오른 낙타가 두 개의 젖을 물린다
아직도 잔물결에 가슴살이 술렁대며 흔들린다

입만 있는 낙타봉이 아침저녁으로 어미 낙타를 찾는다
침묵의 밤은 언어의 사막

언어의 사막 속에서 맹독을 품은 전갈언어들이
2차 가해를 꿈꾼다
여전히 낙타봉은 45도 각을 유지하며 수면으로 기울고 있다

슬럼프

너의 이름을 모르는 사람은 없다
너만 다가서면 사람들은 생기를 잃고
들판의 꽃들은 다 시들어버린다
너의 이름을 들춰내는 사람들은
웃음보다 우울함을 더 즐겨 찾는다

초심을 잊고 사는 시간이 점점 많아진 너
포기가 빠르며 자신을 돌아보지 않는 너
끈기 있는 생각보다 빨리 자신을 잃어버리는 너
포기하고 싶지는 않은데 하면서도 너는
이미 와 있는 것들에 대한 너는
강박관념으로 스스로의 목을 조이고 있다

너는 소리 없이 다가와 모든 생명의 기를 사라지게 한다
신기한 스킬마저 소유하고 있는 너
한번 마음의 끈이 떨어지면 일어설 줄 모른다
운동을 하고 산책도 하며 수다방에 들러보지만
쉽사리 너란 존재를 소멸시키기 어렵다
때로는 외로움에 지친 네가 널브러져 눕기도 한다

아주 천천히 침묵으로 가는 길목을 여는 너
한 번쯤 웃어 보고 싶은 너

그러나 다시는 만나고 싶지 않은 너

자주 절망을 꿈꾸는 너로부터
나는 과감히 번지점프를 한다

그녀의 이분법

어릴 적 고모부는 고모와 첫날밤을 치르고
새벽길을 내며 사라졌다
아무도 묻지 않았지만
소박이란 말이 고모를 따라다녔다
왜 고모부는 어둠을 입고 뱀처럼 사라졌는지 궁금했지만
차마 묻지 않았다
원망과 그리움으로 술이 된 고모는
밤이면 북을 찢는 고통을 순례했다
고모부는 전생에 이 동네 저 동네에다
허물만 남기고 사라지는 뱀이었을 터

사랑 없이도 꽃은 피고
사랑 없이도 꽃은 진다

뒷굽*이 길게 운다

봄으로 이직하는 겨울이 건네준 달빛앵글부츠
4만 원에서 딱 백 원 남아요
깎아주세요 플리즈
손님은 예쁘니까, 하며 건네준 천 원

봄볕이 말라붙은 신발 턱에
충무로 세진인쇄가 인쇄되어 있고
을지로3가 코라싸인의 현수막이 걸려 있다
세절역을 지나 연서역 골목 바다카페에서는 여전히 친절을 복사 중이다

출판사 문턱을 삼천 번이 넘게 들락거렸다
십삼 년이라는 숫자를 보며
두 손을 모두 접었다가 세 개를 다시 펴며
자랑스럽게 허리를 펴는 십삼 년
신발이 말발굽 소리를 내도록 뛰어다닌 서울
수천수만 개의 계단에서 파발마가 길게 운다

불광동 구두수선 아저씨 말끝에서 교정되는 말발굽은
미래로 가는 티켓이다

* 허형만 시인의 「뒷굽」을 패러디하다.

너는 여자*

웃음기를 몰아낸 *(그녀)*가 창밖을 보고 있다
 가벼운 걸음으로 *(상큼상큼)* 내딛던 지난 시절이 무심하게 내려앉는다

쥐덫* *(공연장에서)*는 담배연기가 폐부를 찌르고 있다
 덫에 갇힌 추억들이 *(관중으로)* 몰려든다
 (어느새) 막이 내려져 컷 소리와 함께
 무너지는 아가사의 아가가 *(팔을)* 젓는다
 마지막이라는 생각으로 *(공연하고)* 있는 그녀

문으로 들어선 팔에 붉은 *(와이셔츠)*를 걸친다
 기억들을 다 *(빼주고도)*, 앙다물며 취한 미소가 소리없이 흘러내린다
 (조물조물 녹아) 없어진 웃음을 거리에 둔다
 허물로 떨어지는 추억이 *(춤을 추고)* 있다

그 여자의 *(거래처)*에서 넘겨받을 실시간 기억이 삭제된다
 토탈리콜로 재생되는 동안 기억 장치가 *(늪에서 잠시)* 방향을 잃고 있다
 꿈꾼 듯 어지럽다 *(추억하는)* 재생포탈에 벚꽃이 내린다
 (나부끼며) 꿈이 내린다

그녀가 마지막 *(백조의 호수)* 에서 춤을 내린다
(*햇살이 출렁이는*) 호수에서 날개를 턴다

* 「너는 여자」 제목과 ( ) 안은 김순진 시인의 「빨래 너는 여자」
  에서 차용해온 단어.
** 아가사 크리스티의 연극 제목.

목련전차*를 읽으며

어느 날 그가 내 곁에 슬며시 다가왔다
오늘도 나는 그와 함께 사색의 창을 열고 있다
가만히 앉아서 눈을 감으면 벚꽃처럼 꽃비가 내린다
그가 매일 나에게 들려주는 이야기에
시간 가는 줄 모르고 상상의 귀를 세운다
봄을 실어 나르는 목련전차
평생 꽃양산 한 번 쓰지 못하고
고추밭 그늘에서 젊음을 보낸 엄니
평생 꽃놀이 한 번 가보지 못하고
참깨꽃이 필 때 가장 신나던 엄니
차라고는 자전차 뒤만 타도 멀미가 나신다는 엄니한테
목련전차 한 번 태워드리고 싶다
목련전차의 푸른 기적 소리가 들린다

* 손택수 시인의 시 제목

비의 육체*

반월호수에 매너 우산을 펼친다
가을비를 몰고 오는 연인들이
하나둘 웃음을 올리며
허리를 감싸는 손길이 따스하다
적당한 바람이 빗소리를 홀리며 앞서 길을 떠나고
남겨진 발걸음이 여운을 담으며 간다
물의 어깨가 드러난 등성이에도 붉은빛이 젖어든다
하나둘 젖어가는 비의 틈바구니에도
놓치고 싶지 않은 배려가 있다
산이 눈을 질끈 감으며 물에 손을 얹는다
비틀린 마음을 다독이며 오후의 건기를 적신다
젖어라, 젖지 않으면 네가 아니다
비의 걸음이 다가서는 순간 멈칫하던 너,
두루마리 화장지처럼 풀리는 눈동자에 입술을 얹는다

아따, 비 오는데 시방 뭔지랄들 하고 있냐
날궂이 그만하고 퍼뜩 들어온나

* 김룡의 시인의 「바람의 육체」를 패러디하다.

눈 속의 검은 낙타

진안고원, 무릎까지 차오른 폭설에
완행버스 한 대 곰티재를 넘지 못하고 공회전이다

사뭇, 망자에게 뺏긴 듯한 시선을 두고
과한 흐름에 서 있는 그녀,
차멀미가 심한 관터댁은 몇 차례 토기를 품어낸 후에야
겨우 무겁게 눈 속으로 걸음을 잡아넣는다

어느 겨울날, 강물 우는 소리를 무릎에 덧댄 아버지는
문밖출입이 소원하더니
끝내 거동을 밀어내고 조용히 강물처럼 얼어들었다
몇 차례의 저승사자의 부름을 막아주던
아버지의 아버지도 그날은 무심한 달길에서 헤어나오지 못했다

막내딸 가슴에 새겨진 아버지의 백짓장 같은 얼굴 안에는
신음하는 검은 강물의 슬픔이 흐르고 있었다

한 번쯤은 타고 올 것만 같은 낙타
축 처진 다리를 지탱하는 두 개의 혹이
진저리치며 내려앉는 날

〈

검은 낙타는 그렇게 눈 속으로 사라졌다

* 기형도 시인의 「입속의 검은 입」에서 운을 차용하다.

무관심, 숲을 이루다

오도카니 서서 한강을 바라본다
모노레일처럼 이동하는 물의 문장
왼쪽에서 내려다보는 여자
오른쪽에서 말없이 침묵을 삼키며 가는 남자
하염없이 작게 느껴지는 아침이 여자에게서 남자로 이동한다
사람들의 많은 발과 발이 겹치고
아침과 아침이 틈을 찾는다
이동거리는 1에 1을 접촉하는 시점
강물을 밀며 가는 지하철
남녀의 눈치싸움이 한창이다
어깨를 두른 남자의 손이 허리로 말없이 내려간다
손을 잡아본 지가 언제인지 알 수 없는 무표정이
속도를 이끌며 관능으로 달린다
무관심에 입이 바싹바싹 마른다

점점이 사라지는 낀 세대의 요람이 흔들리고
높아만 가는 방화벽에 바코드를 긋는다
그 사이와 틈이 숲으로 자란다

상사화

그녀의 편지를 읽어낼 때 뇌의 자각도는
0.5페라리로 속도를 올린다
머핀을 한 입 물고 가슴이 몽글거릴 때에도
각자 몸신의 구역에선 구제의 손길을 내민다
심장이 뜨거워지기 시작한다
파리 몽마르뜨 언덕의 추억이 열기구로 오르고 있다
꿈의 간격에서 부는 휘슬
소문마다 붉은 시가 걸려 있다

타워꼭대기에 올려진 오르가슴 탄성
아,

소금은행

광화문 8번 출구에서 서성거리는 햇살
도둑이 은행털이를 하고 있다

밀린 월세를 달라는 쥔장의 카톡 소리만 들려도
심장이 벌렁거린다
오후를 낮추고 밤으로 가는 길목에서 밟히는
우울센서가 작동된다

쥔장은 없어도 사장님 목소리에
제 발 저린 날
포장마차 모서리에 박힌 슬픔이 치닫는다
억샛빛 각주로 내려간 술잔에 뚝,
한 방울의 은행알이 떨어진다

늦가을을 먹어 치우는 네온사인을 따라가는 골목,

지인이 보내준 은행알이 조용하게 프라이팬에서 익어간다
파란 유혹이 여름으로 굴러가고 있다

여름을 밀어넣은 탱글탱글한 은행알을 소금에 찍어먹는다
슬픔을 소금처럼 찍어먹던 지난 날이 간간하다

금계국의 소망

출입문이 열리면
배춧속처럼 노랗게 채워지는 무대
병원 앞 공원에 산책 나온 사람들 사이로
그녀의 근심이 수포의 구름으로 떠 있다

중환자실 밖 의자에 걸터앉아 두 손을 잡고
고개 숙임으로 주님 앞에 간절히 기도한다

주여 부디 나의 기도로
그를 가녀린 목으로라도 다시 피어나게 해주소서 *

밤을 길어 올린 금계국에서
어둠이 뚝뚝 떨어진다
금계국 만발한 미소가
파편에 찔린 심장을 치유해주고 있다

* 남편이 큰 병을 앓고 사경을 헤맬 때 한 기도

그믐달베개

민트색 이불 속으로 스며든 발끝
그의 다리를 더듬으며 차가운 계절을 덧댄다

그믐달이 하루라는 칼끝에 베어나가는 시간
거북이 등껍질 같은 고단한 옷을 벗고
그의 품속으로 안개의 날들이 잦아든다
창문으로 달빛이 들어온다
조금은 시들해진 겨울을 느끼며
한꺼풀 벗겨져 내린 달의 품속에서 안긴다

하원산 밭둑을 비추는 달이
엄마의 팔베개처럼 편안하다

마천루를 꿈꾸다

장맛비가 견적을 낼 수 없을 만큼의 여름을 쓸어갔다
전국 곳곳에 이재민이 속출하고 산사태로 도로가 유실됐다는 보도
이상 징후에도 사람들은 높은 빌딩으로 몰려든다
도로에 펼쳐진 붉은 구름 사이로
새롭게 번식하는 푸르지오 힐스테이트 래미안
하늘이 허공무단점용 과태료를 부과하고 있다
사무실과 가까운 소나무 숲으로 감싼 저곳
녹번동은 지금 마천루를 꿈꾼다

5층 사무실 창밖으로 내려다보이는 아파트 단지 앞
하얀 말티즈와 동행한 그녀의 행동에
졸음은 사방거리로 샤방거리며 사라지고

하늘을 탁본하다
- 대부도 방아머리 해수욕장에서

하늘을 얹은 패러글라이딩 세 대가 하늘을 찢는다
운전대엔 가을 꼭짓점이 걸려 있다
땅을 짚고 주저앉아 파란 구토를 하는 첫 번째 날개
바닷물에 착지하여 양털구름 빈대떡을 바다에 붙이고 오른 두 번째 스침
숨 참음도 잠시, 무지갯빛으로 회전하는 세 번째 트위스터들
허공을 뚫고 지나가는 경비행기가 하얀 수로를 내어 바닷물을 끌어올린다
원터치 텐트로 망사빛 구김이 떨어진다
시화호를 지나 올 때 비틀린 맘을 털어내고
술빵콘칩을 먹던 기억을 박음질하는 왼손잡이 아가씨
추억의 사다리를 따라 오른 잭
술술 풀리는 세상에 입주해버린 그가,
방아머리 언저리에서 무딘 돌을 베고 눕는다
소나무 숲을 오르내리는 하늘원정대
작업 끝난 탁본 화선지를 뗀다

어떤 설렘

계절밥상으로 잘 차려진 가을에 입맛을 다신다
버스 맨 뒷자리 왼쪽에서
한 남자의 목소리가 나뭇잎처럼 사르락거린다

송추삼거리 느티나무는 둥근 테두리 너머에서
글쓰기 상담을 하는 듯하다
나도 모르게 쫑긋 세워지는 귀
혹시 아는 시인일까
책에서 보던 그 유명 시인?
아님 페친, 얼마 전 북콘서트를 한다던 모 시인?
묵직한 목소리 너머 귓불을 두드리는 설렘

구파발역 34번 노선에서
덜컹거리는 궁금증을 내려놓고 벨을 누른다

아직도 나뭇잎 목소리를 차마 귀에서 거둘 수 없어
사뭇 덜컹거리는 여자

침상의 가을

독감으로 침상에서 벗어나지 못하는 날
욕구를 채워가는 단풍이 손을 흔든다
손가락은 다섯 개
침이 마르도록 생각을 던진다
뜨거운 바닥을 덮고 있는 이불 속으로 들어간다
발끝이 따뜻해질 때
국화향이 그리움을 가지고 가버렸다
회오리치는 가을 전령들이 손을 건네는 순간
심장이 푸드덕거린다

잊을 만하면 다가와서 발가락을 핥는 너
꼼지락거리는 발가락 사이에 떨어진 빛
단호하게 옷을 벗기는 너
단풍잎 속에 숨었을까
눈만으로 한 장씩 낙엽을 쌓아가는 10월,
너를 읽고
너에게로 달리고
널 얻기 위한 꿈이 달다

짝사랑론

가벼운 마음으로 조용히 귀 기울일 때
그 사람의 목소리에 미소가 서너 걸음 앞서간다

생각으로 달리는 길을 열어주는 상상의 테마처럼
그 사람의 눈앞에 멈춰서는 눈동자

보고 있어도 보고 싶다는 말이
사실임을 증명하는 문구가 달팽이관을 맴돈다

실사판을 접한 5G처럼 경첩으로 펼쳐진 그의 모습
눈에서 마음으로 채색되어진 그리움

사과의 기억

이십 개의 홈에 채워진 둥근 체위
속 정보다 염화미소가 더 굵다
그를 향해 들이민 게 칼날만이 아니다
허공으로 침윤하는 쇳내가 손목을 긋는다

가슴을 절개한 자
허공에 사과를 쪼개 놓았다
단순한 레퍼토리를 나열하는 플롯이라면
직전의 품사를 쓰지 말아야 했다
전에 알던 '빨갛다'란 단어는 더 이상
동화 속 여우의 속내 묘사가 아니다
생각그물 속에 갇힌 사고
답습이라는 말마저 기억에 익숙한 표현이다
사과를 사과하지 않음은 몽상이다
매일 잘라내는 칼끝에 서린 착시는
그 손목만이 아니었다

뇌피셜이 가둔 문장이 자책의 시가 된다면
하루에도 스무 번의 칼각을 세우고 싶다

클렌징폼

계절을 벗고 시크한 엘레강스를 입는다
외투에 스민 맵시를 벗어 내리고
한 입 덜컥 새우잠을 털어낼 때
껍질에 베인 하루가 스륵 내려진다

샤넬루쥬 코코 플래쉬* 붉은빛으로
감싸 쥔 입술이 12시를 알린다
어느새 신데렐라는 줌마렐라가 되어
긴 머리를 틀어 묶는다

달콤 섹시한 화장술은 퍼프로 지워지고
하루의 수고를 씻겨내며 거품 옷을 입는다

발칙한 일상이 조용하게 목을 조이며
이불을 덮는다

* 립스틱 이름

까치밥

모정을 지나 언덕을 내려 에둘러 가면
전씨(全氏) 종친의 산이 있다
밭둑에는 감나무와 잣나무
그리고 밤나무들이 흔들거리고 있다
사내아이 같은 나는 밤나무를 오르내리며 밤송이를 털어내고
이른 서리가 내리면 감나무에 올라가 몇 개 남지 않은 감 따먹기에 바쁘다
조금은 가볍고 재빠른 나는
누가 시키지 않아도 다람쥐처럼 오르락내리락
어느덧 얼굴은 홍시빛이 난다

멀리서 가을 끝일을 하는 아버지와 어머니가
손을 흔들고 있다
내려와 내려와 내려오란 말이야
손짓을 즐겁게만 받아들이며
순간 발이 미끄러져 찢겨나간 살점,

아직도, 그 가을 끝에 새겨진 흉터가 까치밥처럼
시린 겨울을 맞이한다

4부

고무밴드별

소리를 먹고 자라는 세상

손가락 사이로 빠져나가는 인연의 소리
물결무늬를 잡아끄는 풀잎의 소리

멀리서 달려오는 사람들의 발소리
서로의 길을 열어주는 자전거 페달 소리

하늘에서 내려다보는 별이 소곤거리는 소리
사라진 줄 알았던 별꽃잎 터지는 소리

조금으로 기운 그림자가 따라오는 소리
아픔을 위로하는 그 사람의 토닥임 소리

뭉클하게 다가와 밤을 받아내는 벌레 소리
편안한 고향 냇가에서 듣던 그 물소리

부비부비 얼굴 마사지로 사랑이 맴도는 소리
물광 피부의 스크럽하는 소리

피곤도 뒷전으로 내걸고 다림질하는 스팀 소리
넓은 등을 안아보는 손을 뿌리치는 투정의 소리

어젯밤 풀잎처럼 사랑을 속삭이는 소리

숲속의 미녀가 되어버린 그녀에게 입술 트는 소리

미녀는 잠꾸러기란 말을 소소하게 건네는
웃음소리에 심쿵한다

서리태 콩나물무침

진안에서 막 도착한 택배박스를 여니
노란 콩나물꽃이 가을국화처럼 피어 있다
뻥튀기에서 얼레질로 구르다가 꽃이 되어버린 것인지
지방에서 순간이동한 선물이 그리움으로 콩콩콩 피어난다
엄마가 일러준 대로 진간장에 참기름을 살짝 떨어뜨리고
엄마표 고춧가루를 뿌려 맛을 돋군다
뒷산 넘어 잣나무 아래로 밭을 매러간
추억의 엄마를 콩콩거리며 찾아간다

마당을 가득 메우던 콩대
가을 하늘을 엮어 내리치는 도리깨에
일곱 남매를 키우며 농사짓는 엄마의 고생이
해소천식으로 삶을 내려놓은 아버지의 한숨이
소박맞고 오신 지인의 슬픔이 콩콩 터지고 있다

살아가면서 그다지 어려울 줄 몰랐던 생의 단면들이
하나씩 지워질 때마다 나의 소담한 꿈들이
뻥튀기 기계 안에서 뻥하며 사라진다
뻥튀기 아저씨의 뻥은 뻥이 아니라는 사실을
이제서야 깨닫는다

서리태콩나물을 비벼먹으며
서리 맞은 엄마의 머리카락에 눈물을 흘린다

추어탕을 데우다

마트에 갔다가 세일이라 사 온
봉지 추어탕을 데우다 문득 생각한다

장작불을 때시며 부엌에서 나를 부르는 엄마
아침부터 추어탕을 끓이시며 부산하다
뒤로 내뺄 수 없는 상황으로 몰고 가는 아침
밭에 가서 열무와 빨간 풋고추를 따오라고 하신다
나는 추어탕을 안 먹어도 되는데, 말을 흐려도
학교도 가야 해, 말해도 다녀오라 눈짓하신다
어제 오빠들이 잡은 미꾸라지들이
함지박에서 마지막 남은 숨을 몰아쉬고 있다
아버지의 칼칼한 추어탕 조반을 준비하며
삼베적삼 속으로 뚝뚝 떨어지는 땀방울을 훔치신다
엄마는 딸로 태어난 게 무슨 죄라고 왜 나만 부르는지
엄마의 재촉에 투덜거리며 나가는 등 뒤에서
아버지의 웃음소리가 들린다

추어탕을 데우는 이 가을
秋語로 그리움을 해소한다

비닐 파라솔

대공원역 4번 출구 앞
할매집에서 내어준 블랙커피에 정갈한 아침을 맞이한다
이웃집으로 향하는 손님들을 불러 세우는 것도 그녀의 몫이다

들어와 보셔요 맛있는 것 많으니
그것 빼고 다 있으니 들어와서 골라보셔요

먼 곳을 응시하던 그녀의 눈이 살포시 내려앉는다
아침부터 낙지탕탕이를 찾던 손님은
할매들의 친절함에 입의 꼬리가 올라간다
차량 행렬이 할매집에 시선을 두며 손을 흔들 때
파란 신호를 받는 여름

등굣길에 비닐우산을 받쳐 들던 그 소녀
어느새 작가의 길을 걷고 있다

나무와 나무 사이

나의 등을 쓰담쓰담해 줄 그이가 외박하는 날,
전기담요를 켠다
따뜻한 전기담요를 켜는 사이 느슨해진 눈두덩이가 닫힌다
눈두덩이가 닫히는 사이 미세한 혈관들이 정렬한다
혈관들이 좌우 정렬을 하는 사이 수면의 방이 열린다
수면의 방에서 휴식을 취하는 사이 꿈의 좌판이 펼쳐진다
꿈의 좌판이 펼쳐지는 인셉션˚에서는 꿈이 이동한다
꿈이 이동하는 사이 꿈을 옮기는 파동이 흔들린다
파동에 흔들리는 일부 꿈에 틈이 생긴다
틈이 자라고 있는 사이에 나무뿌리들이 생각한다
나무뿌리들의 생각이 겹쳐지는 순간 지구별이 커진다
지구별이 커지는 순간 원시의 늪에서 빠져나오는 맥락
늪에서 빠져나오는 맥락 없는 맥락이 주류를 이룬다
잠에서 밤을 밀어내고 하얗게 치댄 빨래를 널고 있다
빨래를 널고 있는 모습이 사뭇 미친 여자 같다
미친 여자의 몰골로 팔을 뻗은 사이 미치다가 자란다
미치다의 미친의 근본적 어원이 심리학이론에 혼선을 준다
혼선을 일으키는 사이에 한동안 외박하지 않던 그가 외박을 했다

외박을 싫어하는 내게 충분한 수면은 달콤한 유혹과 같다
유혹받지 않는 긴 밤의 협상 타깃이 사라졌다
협상 타깃의 꿈을 들여다보며 퍼즐조각을 맞춘다
퍼즐조각으로 연결된 미로의 집으로 나무들이 배달된다
나무들이 뿌리를 내리는 동안 사라진 꿈들이 서로 엉겨붙는다

꿈이 연결된 잠의 삼거리에서 꿈의 열차를 기다린다
그이의 따스한 품에서 사랑의 꽃잎이 자란다
창 너머 달빛이 푸르다

* 영화 제목

하나님이 살려주신 증거란다*

퇴근 알람이 울리기 전 컴퓨터를 끈다
녹번역에서 픽업해간다는 그의 알림 톡이 있는 직후다
근래 오십견과 신체결핍으로 고통 받고 있다
어깨를 내리치는 통증을 안고 출퇴근한다

아픈 것도 잠시,
앞치마를 둘러매고 저녁 밥상을 차린다
최고로 덥다는 예보가 있기에
빠르게 여름의 특허 비빔밥에 상추쌈
만찬을 차려낸다
눈으로 식감을 찾은 맛과
엔돌핀을 자극하는 참기름 향기에
입으로 달리는 푸른 들판을 요리로 차려낸다
최고의 맛을 찾은 달인들의 미각
만족도 9.9데시벨 알람이 울린다
미처 착안하지 못한 0.1의 오차는
신의 한 수이기에 욕심은 금물

티브이 앞에서 목젖이 보이게 입을 벌린 남편
잘 차려진 밥상에 내려앉은 아픔의 흔적
목 안에 맺힌 핏빛 멍울에 그늘이 내려앉는다

조용히 그의 손을 잡으며
"자기가 살아난 것만으로 감사하자
하나님이 이유가 있어서 당신을 살리신 거야"

* 마경덕 시인의 「도장」에서 운을 차용하다.

생일

오빠들의 성화에 엄마는 여동생을 낳아주기로 했다
아버지 역시 딸 둘에 아들 넷을 다보탑처럼 낳은
엄마의 치맛자락을 들춘 지 오래였다
근처 사는 당숙집에 가도 아들
큰 집에 가도 아들들이 굴비 엮듯이
밥상에서 빡빡머리를 조아리고 있었다

그날부터 아버지가 좋아하시는 노가리도 광에서 나올 줄 몰랐고
구수한 된장찌개만 끓여도 코를 킁킁대던 아버지가
등을 북으로 돌리고 가부좌를 튼다

여보게 기원이 엄마, 이쁜 딸 하나 낳아주소
아이고 남사시럽게 왜그러요

엄마는 그날부터 딸을 낳기 위해 조상대대로의 비법을 전수받기에 바빴다
구씨네로 가면 고구마를 듬뿍 안고 부엌으로 들어갔다
윗마을에 놀러 갈 때는 쌀 한 됫박을 가지고 갔다
아랫마을 끝순이 집에 가서는
아들 낳는 비법까지 나열하는 명강사가 되었다

〈

 아들 많은 동네에 딸이라는 존재는 그야말로 보석 중의 보석이었다

 시절은 好시절 5월, 나는 그렇게 태어났다

손맛의 재발견

택배로 옮겨진 물품이 가득 찬 냉장고
유년시절부터 엄마의 손맛으로 길들여진 나는
엄마의 택배가 도착할 때마다 한층 행복이 업그레이드 된다

내가 수십 년 넘게 냉장고 문을 여닫을 때마다
엄마의 주름이 패이고 연골은 닳아
구순 노인이 되어버린 지금 孝요양원에 계신다

더 이상 기다릴 수 없어서 김치 담기를 선언한다
배추 두 포기에 일만팔천 원
파와 무 청양고춧가루에 첨가물은 재난지원금이다

겨우 한두 번 담아본 김치였지만
양념은 엄마 손맛이 나는 초대박 양념
배춧속마다 깊게 팬 엄마의 시름을 바른다

손맛의 재발견을 위해 엄마의 비법을 흉내낸다

잔치국수

하늘 자락을 뚝뚝 잘라 가마솥에 넣고
장작불로 하늘을 지핀다

긴 세월 눈물 훔치는 어머니의 삼베 치마가 유독 질긴 것은
아직도 어머니의 마음 안에서 자라고 있는 아버지 때문이다
아랫목 쪽 유리 안에서 밭은기침 소리를 내는 아버지
들일 끝날 때쯤 고무신 끄는 소리에 귀 기울이신다
아버지는 짚세기에 발을 넣고 마당을 서성인다
삼잎 향 들추며 웃는 그녀를 보고 싶으신 게다
뭐든 자시고 싶다면 척척 마법을 부리는 어머니의 손
그토록 좋아하시는 국수를 삶아내는 손길

그날은 아버지의 잔칫날이다

달마중 임마중

건물과 건물 사이로 해가 책갈피처럼 접혀지면
나는 선바위역 2번 출구로 달음박질친다

이미 와 있다는 그의 말
그는 이미 나의 임이 되어있었다

순간 나는 발에 모터를 달고
전원 스위치를 켠다

다리 사이로 비치는 달빛이
한 편의 첩보영화처럼 급하게 스크린을 옮긴다

그가 보이기 몇 미터 전 입술이 벙근다
설화수 화장품보다 참 좋은 게 매력인 그다

아직 도착하지 않은 설렘은 예루살렘보다
평온한 숨을 가다듬는다

보고픔도 종종 아픔이 되어
껍질 속에서 나오고

나는 병풍이다

그이가 아프다는 소식에 눈물이 뭉텅 차오른다
대신 아파줄 수 없어 그저 바라만 보아야 하는 나
내 기운들이 하나씩 수몰되며 숨을 죽이고 있다
머리가 쭈뼛서는 말들에 지레 겁을 먹고 서성거린다
어렵다고 말하기엔 이미 지나버린 일들이
제 속살을 드러내며 검은 피를 토해내고 있다
10여 년이 되어가도 병풍으로 서 있는 꿈의 사각지대
황금의 지도를 손에 쥐고도
떡 버티고 있는 세월의 완력에 지친 나,

이제 병풍의 나를 걷어내고
그에게 순풍의 돛을 달아주고 싶다

산수유를 읽는 봄

봄바람이 돋보기를 쓰고
산수유 책을 읽기 시작한다

아버지가 소달구지를 몰고 오며
이랴이랴 어미 소를 재촉하신다
엄마 손이 바빠지는 시간
산수유밥이 토독토독 꽃물결로 터진다

어릴 적 강변에서 소 풀을 뜯기며
소 풀 뜯기라는 아버지의 잔소리가
나를 시인으로 성장시킬 줄 몰랐다
지금도 나는 바람의 성장통을 앓고 있다

시렁을 둘러 내려온 바람이
밑줄 그으며 노란 봄을 읽고 있다

고무밴드별

딸이 고무밴드로 별을 만들어 보인다

아들 많은 집에서 별처럼 태어난 나,
하지만 언제나 딸을 보살피는 것은 아버지의 몫이었다
논밭에서 일하시는 엄마를 대신해서
아버지 손에 들려진 것은 참빗과 고무밴드다
하얀 서캐를 잡고 토독거리는 이를 잡아주는 것도 아버지의 몫이었다

그런 나는 도로되*를 누비는 흑진주 별꽃이었다
들로 산으로 냇가로 뛰어다니다 지치면
아버지에게 달려와 머리를 내민다
귀찮기도 할 텐데 아버지는
머리를 곱게 빗어 고무밴드로 묶어준다
까맣게 그을린 얼굴에 태양빛이 난다

대지의 딸로 태어난 나,
얻어다 입힌 치마는 오뉴월 해처럼 길었다

* 전라북도 진안군 백운면 운교리 하원산의 지명

석계역을 쓰다

폭염을 지워줄 비가 내린다
우산도 잊고 뛰어나온 내게 잠시 귀퉁이를 내준
석계역에서 가쁜 숨을 내쉰다
코로나19로 마스크로 가려야 하는 얼굴
그래도 이만하면 다행이지 하면서
위로의 말로 다독인다

도시를 떠돈 지 여러 해
자주 이사를 하다 보니
나만의 비밀 공간을 자주 놓친다
느티나무 그늘을 만들어준 성포동 주공3단지
나만의 서재가 있던 식사동도
아이들와 함께 했던 안산 월피동도 발을 오므린다

우울함을 씻겨주는 날
석계역 벤치에서 여전히 어설픈 하루를 탈고한다
그래 이렇게 시를 쓰는 거야
사람들이 오고 가는 의자에 앉아서
스치는 소음을 경작하는 거야

오가다*

안국역 6번 출구를 오가면
책을 파는 노숙자가 노숙을 오가며
군밤장수가 맛보라며 진한 고향을 오가며
운명의 길을 열어주는 지침서에 말을 오가며
타로카드에 살짝 귀가 환상을 오가며
사람들은 인사동을 서슴없이 오간다

한 걸음 틈새로 어제를 뒤적거리며 오가다
슬픔을 재단하며 설친 잠 사이를 오가다
다소곳이 충혈된 눈을 굴리며 오가다
가방이 접신하듯 쥐락펴락 손님 사이를 오가다
오래된 소망이 주인을 찾아 빛을 오가며
눈을 크게 뜨고 들숨 날숨을 내쉬며 내 마음을 오간다

나는 언제나 달관으로 가는 길을 오갈 수 있을까

* 인사동에 있는 커피숍

수불석권[*]

어쨌거나 난
너 없이는 단 1초도 버티기 어려워브러
네가 있기에
이 지구상에 내가 존재하고 있는 거여
아마 지구가 도는 이유도 같을 것 같은디

어쨌거나 난
퍽이나 놀라부렀당께
아이티 시대에 너를 찾는 것은
마냥 신기한 겨

하여튼 난
내가 죽어불기 전까정은
너를 절대로 못 놔
하냥 같이 있어야 혀

여기까정 말하고 끝여, 암만

---

[*] 수불석권(手不釋卷) : 손에서 책을 놓지 않는다는 뜻

문배마을 장씨네[*]

가평에서 강천을 찍고 춘천 남산면에 오른 길
문배마을에 가면 인정이 먼저 마중나온다
내비게이션도 무서워하는 산길을 오르고 올라도
보이지 않는 집
들리지 않는 사람 목소리
구부러진 신작로에 덜컹거리는 소음이 잦아든 단풍들이 길을 낸다
문배마을엔 문씨보다 장씨네가 앞선다
부추오리백숙과 칡전에다
좁쌀동동주 서너 잔 마시니 선녀가 된 기분이다
황홀한 겹겹의 나무 사이로
흥과 흥이 속삭이며 웃음빛에 단풍든다
여기에 들어오는 사람들은 적지만
나가는 술객들을 태우고 가는 차엔
여담이 춤을 추고
바람을 데리고 나오는 오솔길엔
추억이 장단을 맞춘다

[*] 강원 춘천시 남산면 강촌리에 있는 마을

재산명시

햇볕 징하게 뜨거운 날
대문을 두드리는 우체부 임 머시기!
법원이라는 문구에 주춤거리는 몸짓이 허수아비 같다
어른들이 하는 말쌈이 고스란히 귓전에서 스멀거린다

살면서 말여 죄는 짓지 말아야지
감옥에 가면 쓰간
쯔쯧, 그랴 거시기 내 집 하나는 꼭 있어야 허지 않겄어

맞는 말에 말씀언(言) 자 하나가 고스란히 고개를 쳐들지만
사람인(人) 자는 어쩔 줄 몰라 몸을 수그려도
헛헛한 가슴에 빌공(空) 자 한 자 새겨진다
너구리처럼 손바닥을 비비며 빌지만
남겨진 것은 법에 법(法)자도 모르는
무식한 여편네의 지랄맞은 인생이렸다

이를 어쩌랴
그러나저러나 법원에 출두하여
갑과 을도 아닌 을의 패소 앞엔
그 어떤 말도 다 씨부렁댄다는 것

- 선서

양심에 따라 사실대로 재산목록을 작성하여 제출하였으며 만일 숨긴 것이나 거짓 작성한 것이 있으면 처벌을 받기로 맹세합니다

현금은 딱지치기 해브렀고
티브이는 관짝으로나 써야 허나
에어컨 바람에 뼈가 시리다네 그려
냉장고는 절대 포기 못햐
고거 없으면 살 수 없당께
김치냉장고는 뭐 헐라꼬
물방울 세탁기에 돌고도는 인생
땅 1평도 부족한 인생이지 뭐야

                             - 채무자 공수거 인

한낱 미개인 인간이 되어버린
어리석은 인간의 발버둥 아래
돌석(石) 자 하나 덩그러니 남아 있네 그려

그랴 그만허자고
지랄이고 염병이고 그만 끝내잔께

천국의 계단
- 사득옥 시어머니 49재에 부쳐

주말에 어디 가느냐, 남편이 묻는 말에
왜, 무슨 일인데, 반문했다
토요일에 시간 좀 비워둬
화성서호추모장에 가야 해,
순간 그 말에 머리가 숙여진다
시어머니 떠나신 지 49일이 채 안 됐는데
그새 잊어버린 나

자식 사랑이 끝이 없던 어머니 영전에
분홍카네이션 꽃바구니 하나 얹고 돌아선다
하늘로 내어놓은 계단이
채 끝나기도 전에 놓친 그 사랑
바람 30cm 가로에 얹히고
동전 30개 세로로 쌓는다

창밖엔 비 들린 구름이
계단을 놓고 있다

〈작품해설〉

원초아(id)와 자아(ego), 초자아(Superego) 사이에서의 고민, 그 해법의 시학

김 순 진 (문학평론가 · 한국문인협회 이사)

작품해설

원초아(id)와 자아(ego), 초자아(Superego) 사이에서의 고민, 그 해법의 시학

김 순 진

1. 들어가는 말

 길을 걸어가다 무심코 보도블록 사이로 자라는 아주 키 작은 풀을 바라보았다. 나는 한참이나 앉아서 그들을 격려했다. 그들은 발에 밟히지 않을 만큼 작은 키로 당당하게 세상과 맞서서 수많은 구둣발에 저항하며 그들만의 세상을 구축하고 있었다. 느티나무나 은행나무 가로수 아래 놓인 철판 사이에도 작은 풀들은 그 많은 구둣발과 하이힐의 억압을 피해 당당하고도 행복하게 자라고 있었다. 그것을 볼 줄 아는 힘을 우리는 원초아(id)라고 부른다. 그런 성질이 태어날 때부터 존재하는 시인을 우리는 원초아적인 시인이라 말할 수 있다.
 언젠가 영월을 여행하다가 개망초밭을 본 적 있다. 주인이 죽거나 노쇠하여 밭을 경작하지 못하고 묵혀둔 밭이었다. 그 밭은 오직 개망초로만 뒤덮여 있었는데, 어찌해서 다른 풀들이 근접하지 못했을까 나는 자못 궁금했다. 거의 3,000평쯤 되는 비탈밭에는 개망초꽃이 군락을 이루며 피어 있었다. 나는 그 개망초꽃을 보며 주인이 안타깝거나 왜 멀쩡한 땅을 놀리느냐는 반문보다는, "아, 풀꽃이 저렇게 숭고할 수 있을까?"라는 생각에 오히려 성스럽다는 생각이 들었다. 발을 엮어 문간에 걸거나 나물을 말리는 데 쓰이는 길이가 긴 다북쑥밭에 나는 풀은 다북쑥의 키를 닮을 수밖에 없다. 다북쑥 사이에 난 풀이 명아주이건, 개망초이건 다북쑥 사이에서 자라려면 햇빛을 보아야 하기 때문에 다북쑥처럼 키가 커질 수밖에 없는 것이다. 바랭이나 강아지풀에 맺힌 새벽이슬은 정말 신비하리만치 영롱하고 아름답다. 그렇게 느낀다면 그 사람은 자아(ego)적인 사람이고, 그걸 느끼는 시인은 자아적 시인이다.

그러나 문제는 환경이다. 사람이든 식물이든 어떤 환경에 놓이게 되면 그 환경을 극복하느라 애를 쓸 수밖에 없다. 좋은 환경에 놓이면 금강송처럼 크게 자랄 수 있는 것이다. 사람은 나면 서울로 보내고, 말은 나면 제주로 보내라는 말도 환경을 두고 이르는 말이다. 수많은 사람들이 서울에 와서 살고 있는 것은 우선 교육환경이 좋고, 빨리 이동할 수 있는 교통여건과 전국에서 올라오는 각 지방의 농수산물을 쉽게 구입할 수 있는 등 환경이 좋기 때문이다. 제주는 화산섬으로 돌이 모두 화산암으로 되어 있어 벼의 재배가 어려우며, 상대적으로 초지가 많아 말이 성장하는데 좋은 조건을 가진다. 경북 울진, 봉화, 영덕, 청송 등지에는 금강송이 자라고 있는 금강송 군락지로도 유명하다. 절간이나 큰 기와집의 기둥으로 쓰인다는 금강송은 주변의 적당한 바람과 서늘한 기온, 알맞은 일조량이 있어야 하는데, 그렇기 때문에 그토록 크고 우람한 금강송으로 자랄 수 있는 것이다. 말하자면 부모나 사회, 규범으로부터의 도덕 기준이나 고형화된 환경에 대한 반항과 자신의 나아갈 길을 모색하는 사람의 형태인데, 우리는 이를 초자아(Superego)라 하고 그런 시인을 초자아(Superego)적 시인이라 말하는데, 전하라 시인 같은 사람을 이르는 말이라 생각한다.

전하라 시인이 도서출판 문학공원의 편집장을 맡은 지 15년이 되었다. 전하라 시인은 문학하기 좋은 환경에 과감히 자신을 들여놓은 것이다. 그는 날마다 기라성같은 시인들의 시를 읽으며 편집일을 해야 했다. 전하라 시인은 우리나라 시인들의 각축전이 되는 스토리문학 잡지의 편집을 하느라, 지난 15년 동안 금강송 소나무숲 사이에서 살아야 했고, 어느새 그녀는 스스로 금강송이 되어 있었다.

그럼 이쯤에서 시단의 동량이 된 전하라 시인의 시를 읽어보면서 그녀의 문학세계를 여행해보자.

2. 우주 운용의 관찰을 통한 성찰의 시학

흙의 여자가 구들장을 안고 납작 엎드려 있다

이틀 전의 여자는 목석같은 여자였고
사흘 전의 여자는 흐르는 물같이 부드러운 여자였다
간혹, 바람의 물결을 품고 왔던 물의 여자는 떠나가고
일주일을 기울인 단단한 나무의 여자가 등장했지만
금의 여자의 등장에 두 여자는 자취 없이 떠났다
문득, 하늘을 보면 꽃이 되어버리는 물의 여자
하늘을 휘감아 지상에 풀어놓는 나무의 여자
앙칼지게 소리 지르던 불의 여자는 잠든 지 오래다
추억을 된통 꺼내는 달의 여자가 또다시 고개를 쳐들 때면
한 여자가 헛기침을 하며 거드름을 피운다

그녀는 모든 사람들이 동경하는 태양의 여자
나는 지금 흙의 여자로 산다

  -「이틀 전의 여자와 사흘 전의 여자」 전문

이 시는 동양철학에 근거를 둔 시라 할 수 있다. 태양력과 태음력 모두 동양에서 시작된 달력의 형태다. 태양력은 고대 이집트에서 시작된 것으로 알려져 있다. 이집트는 일찍이 나일강이 범람할 때면 동쪽 하늘의 위치에 있는 시리우스(큰개자리 별)가 나타난다는 것을 발견함으로써 태양력을 만들 수 있었다. 기원전 18세기경 이집트인들은 1년을 365일로 하고 30일로 이루어진 12달과 연

말에 5일씩 더하는 달력을 만들었다. 이에 반해 태음력은 중국에서 달의 운용을 계산해 만들었는데, 지금은 거의 모든 세계가 태양력을 사용하고 있는 실정이고, 우리나라도 바닷가에 가면 아직도 조금달력이라고 해서 조수간만의 차를 기록해둔 태음력을 사용하고 있다. 월화수목금토의 기원은 로마에서 비롯된 것으로 태양을 행해 도는 천체 7개 즉 태양, 달, 화성, 수성, 목성, 금성, 토성에서 유래했는데, 방에 엎드려 있는 자신을 흙의 여자라 표현하는 것은 대단한 시적 사유다. 아무도 들여다보지 못한 바를 끄집어내는 힘, 그것이 시의 힘이다. 토요일로부터 이틀 전은 목요일이기 때문에 그 여자는 당연히 나무의 여자였기에 그는 '목석같은 여자'로 표현하며 남편에 대한 자신의 태도를 꾸짖는다. 그리고 사흘 전, 그러니까 수요일은 물의 요일이기 때문에 그녀는 "사흘 전의 여자는 흐르는 물같이 부드러운 여자였"다는 것은 말 잘 듣고 순종하는 여자로 많은 남자들이 바라는 여성상이다. 그러나 지금 전하라 시인 바라는 것은 금(金)의 여자는 재물의 여자다. 재물을 가진 여자 앞에서는 수요일의 물 흐르는 듯한 애교 있는 여자도, 목요일의 목석같은 무감각한 여자도 꼬리를 내리고 만다는 설정이 긍정적이다. 세상일에는 상생과 상극이 있다. 금생수(金生水)라 하였으니, 쇠 또는 산은 물을 낳는다. 수생목(水生木)이라 하였으니, 물은 나무를 낳는다. 목생화(木生火)라 하였으니, 나무는 불을 낳는다고 하지만, 생명이 있는 것은 모두 소멸되어 또 다른 잉태를 낳는다. 화생토(火生土)라 하였으니, 불은 기름진 흙을 낳는다. 이 시에서 전하라 시인은 흙의 여자로 토생금(土生金), 즉 금(金, 재물, 토지)을 낳을 수 있는 최적의 조건이 이 시의 환경이므로 흙의 여자는 충분히 금을 낳을 수 있다. 전하라 시인은 불처럼 타오르던 원초아(id)의 여자를 서서히 접고, 이제 달처럼 은은한 자아(ego)의 여자를 꿈꾼다.

> 겨울이 시작되면
> 그녀가 걷는 길목의 나무마다 북동풍을 동반한다
> 안녕하세요,
> 애써 웃음 지으며 따스한 말을 건네보지만
> 그 안에 부는 바람은 시베리아,
> 늘 손발이 찬 그녀는 스스로를 얼음공주라 불렀다
> 좋다는 걸 다 찾아 먹어보지만
> 수족냉증은 쉽게 치료되지 않는다
>
> 스무 살에 빙하기로부터 온대기로 이민 온 그녀
> 여자가 한을 품으면 오뉴월에도 서리가 내린다지만
> 그녀는 늘 상강(霜降)의 계절에 산다
> 사람들은 그녀에게 따스한 시선을 보내지만
> 더욱 힘든 것은 세상을 냉정하게 대하라는 격려의 말이다
> 시베리아에서 발달한 고기압이 오츠크 기단을 만나 강하듯
> 10월이 되면 그녀의 몸은 또다시 빙하기가 도래한다
> 겨울이면 25°c로 돌리는 보일러 난방에도 늘 서늘함을 느끼는 그녀
> 오늘도 눈 뜨고 속으로 달래는 밤이 길다
>
> — 「빙하기에서 온 여자」 전문

이 시는 신비로운 우주현상과 자신의 건강상태를 비유해서 써낸 시다. 빙하기란 세계적으로 기후가 차가워 고위도 지방이나 산악지역이 지금보다 훨씬 더 많이 얼어있고 세계적으로 해수면이 가장 낮았던 시기를 말한다. 지금부터 약 2만 년 전을 최종 최대의 빙하기라 할 수 있는데, 한반도의 해수면은 지금보다 약 120m가 낮았다고 하니, 그렇게 계산하면 당시 한반도의 크기도 꽤 넓었을 것 같다. 빙하기는 잦은 화산활동과 태양의 복사량의 감소에 의해 나타나는데 2만 년 전의 빙하기 때 수많은 공룡이 얼어죽고, 근래에 와서 지구온난화의 영향으로 빙하가 녹으며 이들의 뼈가 발생되고 있는 것도 사실이다. 요즘은 취업의 빙하기, 결혼 빙하기, 출산 빙하기 같은 말로 젊은이들이 살아가기 힘든 작금의 상황을 비꼬는 말로도 쓰인다. 그러나 요즘은 빙하기의 반대말인 해빙기라는 말을 자주 쓴다. 현대사회는 인간들의 무분별한 자연훼손과 화석연료의 사용으로 지구를 덮고 있는 오존층이 크게 훼손을 받아 뚫려 있는 상태로, 이 같은 영향으로 지구온난화가 가속화되었고, 만년설로 뒤덮였던 세계의 지붕이라 불리는 에베레스트산이나 북극지방의 빙하가 녹아내려 해수면이 갈수록 높아지고 있다. 이에 따라 타히티, 기니, 사모아, 나우르 등의 적도 근방에 있는 작은 나라들은 바다에 잠길 위기에 처해 있고, 작년에는 우리나라에도 극심한 더위가 몰아쳐 많은 사람들이 힘든 여름을 보내야 했다. 지난 2024년에 엄청난 더위를 겪어보니 빙하기도 무섭지만, 해빙기는 더 무서운 것 같다. 최근 우리나라는 해빙기의 모드에 따라 온대기후에서 아열대기후로 바뀌었다고 한다. 바나나와 파인애플을 재배하고 얼음판이 없어져 스케이트나 썰매를 탈 수 없고, 얼음판에서의 팽이치는 법을 잊어버리는 세대가 안타깝기도 하다. 전하라 시인은 스스로를 얼음공주라 부른다. 그의 손은 오뉴월에도 차갑다. 수족냉증에 기인한 체온현상이다. 그러나 그의 마음은 매우 따사롭다. 많은 형제들 틈에 자라난 그녀는 어른을 공경하고, 언제나 뭇 문인들을 따스한 말과 밝은 얼굴로 대한다. 말하지만 빙하기에서 온 그 여자는 지금 해빙기에 살고 있는 것이다. 얼른 몸도 건강을 되찾아 몸과 마음이 모두 따스한 해빙기에 살기를 기원한다.

3. 모천을 거슬러 오르는 회귀의 언어

> 진안에서 막 도착한 택배박스를 여니
> 노란 콩나물꽃이 가을국화처럼 피어 있다
> 뻥튀기에서 얼레질로 구르다가 꽃이 되어버린 것인지
> 지방에서 순간이동한 선물이 그리움으로 콩콩콩 피어난다
> 엄마가 일러준 대로 진간장에 참기름을 살짝 떨어뜨리고
> 엄마표 고춧가루를 뿌려 맛을 돋군다
> 뒷산 넘어 잣나무 아래로 밭을 매러간
> 추억의 엄마를 콩콩거리며 찾아간다
>
> 마당을 가득 메우던 콩대
> 가을 하늘을 엮어 내리치는 도리깨에
> 일곱 남매를 키우며 농사짓는 엄마의 고생이
> 해소천식으로 삶을 내려놓은 아버지의 한숨이
> 소박맞고 오신 지인의 슬픔이 콩콩 터지고 있다

살아가면서 그다지 어려울 줄 몰랐던 생의 단면들이
하나씩 지워질 때마다 나의 소담한 꿈들이
뻥튀기 기계 안에서 뻥하며 사라진다
뻥튀기 아저씨의 뻥은 뻥이 아니라는 사실을
이제서야 깨닫는다

서리태콩나물을 비벼먹으며
서리 맞은 엄마의 머리카락에 눈물을 흘린다

- 「서리태 콩나물무침」 전문

  서리태란 껍질은 검은색이지만 속이 파란색의 콩으로 생육기간이 길어서 10월경에 서리를 맞은 뒤에야 수확할 수 있다는 뜻에서 붙여진 이름이다. 흰콩에 비하여 당도가 높아 밥에 두어 먹는 잡곡으로도, 두유로 만들어 먹거나, 미숫가루로도 매우 각광을 받고 있는 곡식이다. 흔히 가을 벌판을 묘사할 때 우리는 "오곡백과가 무르익는다."고 말할 때 오곡이란 쌀, 보리, 콩, 조, 기장을 말한다. 그중에서 쌀과 보리는 주식이요, 콩, 조, 기장은 잡곡인데, 콩은 단백질 성분이 높아, 고기 대신 먹으면 근육량을 키우거나 보전하는데 탁월한 효과를 가지고 있다. 특히 서리태는 탈모와 흰머리예방에도 탁월한 효과가 있는 것으로 널리 알려진 식품이다. 중국 내륙 한 부족의 여인들은 할머니라도 새카맣고 윤기나는 머리를 가지고 있는데, 평소 서리태를 주식처럼 많이 먹어서 그렇다는 연구결과가 있는 것을 보면 서리태는 우리 일상생활에 없어서는 안 될 곡식인 것이다. 이 시의 해설을 쓰고 있는 오늘, 시골 동생이 콩을 많이 수확했다며 카톡방에서 쌓아둔 콩자루 사진을 올렸다. 흔히 "곡식들은 농부의 발자국 소리를 먹고 자란다."라는 말을 한다. 그만큼 농사일이란 손이 많이 가는 일이라는 뜻이니 서리태콩나물을 보내오신 전하라 시인의 어머니나, 서리태 농사를 잘 지은 필자의 동생에게 감사한다. 강단에서 시창작론을 강의하고 있는 나는 평소 시를 배우는 학생들에게 "시를 쓰면 불효자가 안 생기고 강도 도둑이 없어진다."고 말해왔다. 왜냐하면 시를 쓰는 과정은 성찰의 과정이고 제대로 된 시인이라면 밤을 새우며 "나, 이번에 친정 가면 엄마에게 돈 뜯어와야지?"라든지, "어떻게 저놈 돈을 빼앗지?"라고 생각하지는 않을 것이다. 적어도 시인이라면 "나는 누구인가?"에 대하여 고민하며 나를 낳고 길러준 부모님과 고향, 출신학교와 스승에 대한 감사하는 마음을 표현할 줄 알아야 하는 것이다. 그런데 친정어머니가 진안에서 손수 수확한 서리태를 콩나물로 길러 서울까지 보내신 수고에 대한 고마움을 시로 쓰고 있으니 자아(ego)적 행동이고, 전하라 시인은 시의 역할을 제대로 깨우친 시인으로 자아적 시인이라 하겠다.

4. 예술과 생활, 그 행간의 시적 감수성

현수막을 찾으러 거래처로 가는 길목
을지로3가역 9번 출구 노숙 중인 달리를 만난다
깊이 팬 주름은 이미 세상을 점령한 채

계단을 걸쳐 늘어진 시계는 멈추었는지 미동이 없다
　　　어쩌다 저리 되었을까 의문을 털며 걸음을 재촉한다
　　　한참을 가다 돌아보니 그는 '기억의 영속'*에 갇혀 있다

　　　달리의 시계처럼 늘어진 그에게
　　　빵을 주고 싶다는 생각은 오래가지 않았다
　　　노숙자에게도 바다로 향한 꿈이 있었을까
　　　삶의 망망대해에서 돌아온 그가 계단에 걸려 있다

　　　타성에 젖은 내 발걸음은
　　　이미 지하 계단을 내려가고 있었다
　　　9번 출구 나뭇가지에 자화상을 걸쳐놓고 전철을 탄다

　　* 살바도르 달리의 그림

　　　　　　　　　　　-「살바도르 달리를 뒤로한 채」 전문

　이 시는 전하라 시인이 다니는 출판사 일로 사무실에서 을지로3가역 9번 출구 근처에 있는 거래처로 현수막을 찾으러 갔다가 본 일을 쓴 시다. 말하자면 발로 쓴 시다. 아마도 시인이 볼 때 지하철역을 오르는 계단에 노숙자가 있었던 모양이다. 전하라 시인의 눈에 보이는 노숙자는 '불쌍하다, 안타깝다'의 대상이 아니라 "삶의 망망대해에서 돌아온 그"의 사회적 현상에 시의 눈이 집중된다. 살바도르 달리는 1904년 스페인에서 태어나 1989년에 작고한 프랑스 출신 초현실주의 화가다. 어릴 때부터 인상주의와 르네상스 거장들의 그림에서 영향을 받은 그는 입체파와 아방가르드 운동에 점점 매료되어 후에 초현실주의에 합

류해 초현실주의의 대표작가가 된다. 입체파란 피카소나 조르주 브라크 같이 회화를 입체적으로 구성하고 발전시켜 20세기 현대미술의 한 장르로 발전시킨 미술운동이며, 아방가르드 운동이란 전통적인 예술, 문화, 사회에 대하여 급진적이고 실험적인 작업을 하자는 운동으로 이러한 운동은 당시 예술세계를 다양하고 획기적으로 확대하였는데, 이러한 일들이 살바도르 달리에게 크나큰 영향으로 작용하여, 그의 그림 중 '기억의 영속' 같은 작품은 시계를 나뭇가지나 계단에 걸어놓음으로써 정물화나 사실화로 대표되던 당시 화단에 센세이션을 일으키는 계기를 마련하였다. 미술계의 이러한 발전은 문학계에도 아방가르드 운동이나 초현실주의 운동이 영향을 받게 되었는데 전하라 시인은 이러한 일련의 문예사조를 잘 읽고 있으며, 이 시 「살바도르 달리를 뒤로한 채」에서처럼 타성에 젖은 나를 자각하고, 삶의 현장에서도 결국 시를 창작하는 정신, 즉 "9번 출구 나뭇가지에 우리의 자화상을 걸쳐놓고 전철을" 탐으로써 문화의 흐름에 일조하고 있다. 말하자면 시 속의 노숙자는 그 노숙자 한 사람만을 지칭하는 것이 아니라, 우리 중 누구라도 노숙자가 될 수 있고, 나 또한 그러한 위기에 직면할 수 있음을 경고하고 있는 것이다.

아가씨인 척 · 1

을지로3가 현수막집 코라싸인에는 무뚝뚝한 박 사장님만의 라인이 돌아간다 졸음을 한걸음에 털어내고 계단마다 다

크써클을 그으며 간다 그때 뒤에서 "아가씨 아가씨"라는 멘트가 낯익은 얼굴로 들이민다 고개를 돌려서 "네!"하는 대답을 얼버무릴 때 친절한 아줌마가 내 옷에 묻은 먼지를 털어준다

아가씨인 척 · 2

낮 동안에 콧물감기로 재채기와 못다 한 일을 늦은 시간에 하고 있다 잠시 후면 잠길 비상문을 빠져나가기 위해 가방에 아쉬움을 채운다 녹번역 5번 출구 계단 아래로 베이지색 샌들을 옮기며 우산을 접을 때 "아가씨, 아가씨 밖에 비 와!" 아저씨의 말이 효과적이다 "지금은 조금 내리니 빨리 뛰어가세요" 우산이 없는 아저씨를 위해 내 쪽으로 비를 잡아당긴다

아가씨인 척 · 3

모처럼 사무실에서 늦게까지 일하는 행복이 숨을 트고 있다 신설동 시대를 벗어나 녹번에서 퇴근하기 바쁜 나는 홀로 밀어를 구슬리듯 일에 집중하는 시간이 아픔보다 즐겁다 뭔가 영감이 떠오를 것 같은 언어들이 물밑 작업을 하고 있다 그때 나의 촉을 깨우기라도 하듯 지인이 보내온 문자에 '아가씨 아가씨 뭐해' 아가씨라는 말에 함박꽃이 핀다 언제나 기쁨의 칩이 내장된 선생님의 말끝마다

아가씨인 척 · 4

아가씨와 친인척관계도 아닌 나는 옆에서 어깨를 끌어안고 뽀뽀하는 연인들의 입술이고 싶다 20대의 순수가 멜랑꼴리하게 느껴지지 않는다 다만 아름답다는 말과 두 남녀처럼 나도 저러고 싶다는 마음이 멜로디처럼 꼴리고 있다 내게서

멀어진 입술도 키스도 허그도 나의 볼 언저리로 당겨온다

　　멜랑꼴리
　　아가씨가 멜랑꼴리

- 「멜랑꼴리 아가씨」 전문

　'멜랑꼴리'란 우울한 감정이나 비관적 감정에 해당하는 인간의 기본적인 감정을 말한다. '멜랑꼴리하다'라고 할 때 어감은 매우 경쾌하고 웃음을 자아내게 하며, 어떤 면에서는 남을 비웃는 것 같은 어감을 가지고 있지만, 사실은 '나만 이렇게 힘들게 사는가 보다.'라는 자책의 감정에서 파생되는 감정으로서 어감과는 전혀 다른 비관적 감정을 뜻하는 말이다. 이 시에는 멜랑꼴리 아가씨가 네 명 등장한다. 모두 전하라 시인 자신을 뜻하는 말로, 생물 나이보다 훨씬 젊어 보이는 외모에 대해 자신이 가지는 감정은 멜랑꼴리하다는 뜻을 표현한 시다. 전하라 시인이 그만큼 젊은 사고를 가지고 삶을 대하고 있다는 증거다. 그녀는 건강한 몸매를 위해 지속적으로 다이어트를 하고 있을 뿐만 아니라, 젊은 감각을 위해 미시들의 옷을 사 입거나, 패션에 대한 해박한 지식을 가지고 있으며, 뷰티를 위해 마사지와 화장을 게을리하지 않는다. 한 예로 그는 콩나물을 사러 나가도 화장을 하고 나간다고 하며, 휴일에 집에서 출판사 일로 교정을 볼 때도 정갈하게 세수를 하고 화장을 한 뒤에 교정을 본다고 하니, 예뻐진다는 것이 그냥 되는 일은 아닌 것 같다. 이 시에서는 멜랑꼴

리 아가씨가 네 사람이 등장하는데, 한 사람은 뒤태를 보고 부르는 아저씨들에 대한 호칭이고, 또 한 사람은 비 오는 날 녹번역 5번 출구에서 우산을 접을 때 계단을 올라오던 사람이 부르는 호칭이며, 한 사람은 카톡으로 온 문자를 통해 상대방이 부른 호칭이며, 마지막 한 아가씨는 "아가씨와 친인척관계도 아닌 나"에 대한 비관적 호칭이다. 결국 앞서 말한 세 아가씨는 어느 방향에서 불렀든지 정말 전하라 시인을 부르는 아가씨란 호칭이었고, 네 번째 아가씨는 아가씨이고 싶으나 세월이 언제 그렇게 훌쩍 지나갔는지에 대한 한탄의 아가씨로 그야말로 우울하고 비관적인 감정의 '멜랑꼴리 아가씨'인 셈이다. 사노라면 누구나 멜랑꼴리한 감정을 가질 때가 있다. 그런 감정이 오래가면 우울증이 올 수도 있는데, 나는 전하라 시인이 말하는 멜랑꼴리 아가씨 중에 세 사람은 현실세계의 아가씨로 우울증과는 거리가 먼 아가씨로서 다행이란 생각을 가지고 있으며, 다소 우울한 감정이나 비관적 감정인 멜랑꼴리한 감정은 예술인에게 또 다른 토양이 될 수도 있는 감정이라 하겠는데, 이는 초자아(Superego)의 감정으로, 멜랑꼴리 감정이 단순히 슬픔의 감정을 넘어서 사람들 간의 소통을 가능하게 하고, 사회적 공감대를 형성하는 역할을 한다.

딸이 고무밴드로 별을 만들어 보인다

아들 많은 집에서 별처럼 태어난 나,
하지만 언제나 딸을 보살피는 것은 아버지의 몫이었다

논밭에서 일하시는 엄마를 대신해서
아버지 손에 들려진 것은 참빗과 고무밴드다
하얀 서캐를 잡고 토독거리는 이를 잡아주는 것도 아버지의 몫이었다

그런 나는 도로뫼*를 누비는 흑진주 별꽃이었다
들로 산으로 냇가로 뛰어다니다 지치면
아버지에게 달려와 머리를 내민다
귀찮기도 할 텐데 아버지는
머리를 곱게 빗어 고무밴드로 묶어준다
까맣게 그을린 얼굴에 태양빛이 난다

대지의 딸로 태어난 나,
얻어다 입힌 치마는 오뉴월 해처럼 길었다

* 전라북도 진안군 백운면 운교리 하원산의 지명

-「고무밴드별」 전문

   전자의 시 「서리태 콩나물무침」이 어머니 사랑에 관한 시라면 「고무밴드별」은 아버지 사랑에 관한 시다. 여기서 제목으로 나오는 '고무밴드별'은 어릴 적 특별한 장난감이 없던 시골아이들의 놀이 중 하나인 고무밴드놀이로 만든 별이었다. 일종의 고무줄로 노는 실뜨기 같은 놀이다. 고무밴드놀이는 노란 고무밴드를 가지고 노는 개인 놀이인데, 왼손 손가락 두 개에 고무밴드를 걸어 오른손 손가락 한 개를 넣어 뒤집어 당기면 야구방망이가 되고, 왼손 손가락 세 개에다 고무밴드를 걸어 오른손 손가락 두 개를 넣어 뒤집어 당기면 번개아톰의 발이 된다.

또 왼손가락 네 개에다 고무밴드를 걸어 오른손가락 세 개를 넣어 뒤집어 당기면 황금박쥐의 이빨이 된다. 그것은 고무밴드 놀이의 기본동작이고 양손의 네 손가락을 이용해 서로 교차해 당기면 십자가가 되며, 전하라 시인이 말하는 것처럼 십자가에서 다른 손가락을 써서 당기면 '고무밴드별'이 된다. 어떤 재주 좋은 친구들은 고무밴드별 안에 또 다른 고무밴드별을 만들어 겹별을 만들기도 하는데 나는 그 기술까지는 배우지 못하고 자랐지만, 후회는 없다. 전자의 시 「서리태 콩나물무침」에서 나타나듯, 전하라 시인의 아버지는 평소 지병으로 해소천식을 오랫동안 앓으시다가 돌아가셨나 보다. 그러니 늘 바깥의 논밭 일은 어머니의 차지였을 터, 어머니의 그 고생스러운 나날들을 가히 짐작하고도 남음이 있다. 그러나 어찌하랴. 일하기 싫어 안 하는 것이 아니라, 건강이 좋지 않아서 논밭에 못 나가는 것을…. 그런 아버지에게도 아내에 대한 미안함과 후회가 많았을 것 같다. 그렇기에 어린 막내딸(전하라 시인)이라도 챙겨야겠다고 생각하셨을 터, 참빗으로 머리를 빗기면서 서캐를 잡아주던 아버지의 손길을 전하라 시인은 잊지 못하고 있다. 시골에서 성장한 전하라 어린이를 전 시인은 스스로 "도로뫼를 누비는 흑진주 별꽃이었다"고 말한다. 도로뫼는 각주의 설명에 나와 있는 전하라 시인이 나고 자란 전라북도 진안군 백운면 운교리 하원산의 지명이다. 땅따먹기, 고무줄놀이를 하다 더우면 개울가로 가 멱을 감는 시골아이들, 그렇게 햇볕을 쪼이며 자랐으니 스스로를 "흑진주 별꽃"이라 말했을 터, 그렇게 "들로 산으로 냇가로 뛰어다니다 지치면 / 아버지에게 달려와 머리를 내민" 여자아이와 한 아버지의 모습이 눈에 선하다. "대지의 딸로 태어난 나,"라며 선머슴아처럼 자란 어린 시절의 추억을 당당하게 풀어내는 부분도 멋지고 "얻어다 입힌 치마는 오뉴월 해처럼 길었다"는 회상적 시구에서 진한 슬픔이 올라오기도 한다.

5. 나오는 말

이상에서처럼 전하라 시인의 시 몇 수를 읽어보면서 그녀의 시세계를 여행해보았다. 내가 어릴 적 코미디언 배삼룡이 광고한 시락면이란 라면 TV광고가 나온 적이 있다. 그때 배삼룡은 "산에 가야 범을 잡고, 먹어봐야 맛을 알지, 시락면!"이라며 광고했는데, 그때는 라면이 지금처럼 따로 스프가 포장된 것이 아니라, 라면 자체에 스프를 뿌려 넣고 포장했던 터라, 센세이션을 일으키며 팔렸다고 한다. 그런데 나는 그때 "산에 가야 범을 잡고 먹어봐야 맛을 알지."와 같이 지극히 당연한 말을 왜 광고에 넣었는지 그 뜻을 알지 못했다. 훗날 성철 스님이 열반한 후에 그가 한 말 "산은 산이요 물은 물이로다"라는 말이 회자되었는데, 당시엔 그 말의 뜻도 알지 못했다. 그러다 22년 전 내가 문학을 하러 직접 문단에 뛰어들고 출판사를 차리고 ≪스토리문학≫ 창간했을 때, 나는 범을 잡으러 산에 들어와 있음을 깨닫게 되었다.

내가 왜 이런 이야기를 하느냐 하면, 전하라 시인이 나와 같은 길을 따라 15년 전쯤 범을 잡으러 산에 들어왔고, 이제 그의 손에는 범가죽 세 장이 들려 있다. 첫 번째 시집이 치타의 가죽이라 한다면, 두 번째 시집은 어린 호랑이의 가죽에 비유할 수 있고, 이번 시집은 10년 만에 내는 시집이니, 영물인 성체 호랑이 가죽에 비유할 수 있다. 전하라 시인의 이번 세 번째 시집은 정말 '산은 산이로다' 같은 시집이고, '물은 물이로다'다운 시집이다. 산은 산다워야 하고 물은 물다워야 한다는 뜻인데, 전하라 시인의 이번 시집은 그가 10년 동안 습작한 수많은 시편들 중에서 고르고 고른, 올렸다가 최종 교정에서 제외시킨 시가 세 편이나 될 정도로 정선된 시편들이다. 출판사에서, 문학지사에서 15년을 근무한 전하라 시인의 내공은 이제 말하지 않아도 시를 읽어보면 알 수 있다. 그만치 완성도가 높고 사람의 환경을 구성하는 사물과 사람의 인과관계를 구성하는 사건이 긴밀하게 짜여 있어서 읽는 이로 하여금 혀를 내두르게 하거나 무릎을 치게 한다. 미소를 짓게 하고 때로는 눈물짓게 만든다.

전하라 시인의 시는 크게 세 가지 부류로 이루어져 있다. 그 첫 번째가 "우주 운용의 관찰을 통한 성찰의 시학"인데, 전 시인은 월화수목금토 같은 우주의 진리에 대하여 나를 이입하거나, 빙하기, 백악기, 쥐라기 같은 지구의 시대별 특징을 시에 이입하여 시를 쓰는 특별한 능력을 지녔다. 두 번째로 "모천을 거슬러 오르는 회귀의 언어"가 그것인데, 전 시인은 어머니나 아버지, 가족이나 고향에 대하여 간과하지 않는다. 별이 생성되고 빅뱅하는 것처럼 나의 근거를 팽창시켜 시의 소재로 끌어들인다. 세 번째로 전 시인은 "예술과 생활, 그 행간의 시적 감수성"에 대하여 고민한다. 그래서 전하라 시인은 살바도르 달리의 회화적 기법이나, 멜랑꼴리 같은 특수한 시대적 언어 감정에 대하여 소홀히 넘기지 않는다. 그는 늘 원초아적 감정을 억누르고 자아를 실현하기 위해 노력하며, 결국 나를 놓고 다른 것을 취해 나를 바꾸는 일을 게을리하지 않는다. 이에 나는 전하라 시인의 이번 시집을 "원초아(id)와 자아(ego), 초자아(Superego) 사이에서의 고민, 그 해법의 시학"이라 명명하련다. 이처럼 훌륭한 세 번째 시집의 상재를 진심으로 축하드린다.

전하라 시집

빙하기에서 온 여자

초판발행일 2025년 11월 29일
2쇄발행일 2025년 12월 19일

지은이 : 전하라
발행인 : 김순진
편집장 : 전하라
디자인 : 김초롱
펴낸곳 : 문학공원
등 록 : 2004년 3월 9일 제6-706호
주 소 : 우편번호 03382 서울 은평구 통일로 633
　　　　녹번오피스텔 501호 스토리문학사
전 화 : 02-2234-1666
팩 스 : 02-2236-1666
홈페이지 : https://blog.naver.com/ksj5562
이메일 : 4615562@hanmail.net

※ 책값은 뒤표지에 있습니다.
※ 저자와의 협의에 의해, 인지는 생략합니다.